Loslassen lernen

Wie Sie Ihre Trennung überwinden, die Vergangenheit loslassen und durch Akzeptanz und Dankbarkeit Ihr Selbstwertgefühl stärken

Joel Ludwig

1. Auflage
2020

INHALTSVERZEICHNIS

VORWORT

In unserem Leben sammeln sich etliche Erfahrungen an, die uns belasten und an denen wir zerbrechen können. Die persönliche Entfaltung wird aufgrund von negativen Gefühlen, welche sich unter Umständen bereits seit Jahren in unserer Seele angestaut haben, beeinträchtigt. Wir behalten gerne unsere Routinen und merken manchmal gar nicht, dass diese in Wirklichkeit schwerer Ballast für unseren Geist oder unseren Körper sind. Das Loslassen kann in solchen Fällen eine echte Befreiung sein. Ohne diesen Ballast loszulassen, verharren wir in dieser Hinsicht auf Dauer in der Vergangenheit. Dies kann extrem negative Folgen für unser restliches Leben haben, da es unserem Glück im Weg steht und uns daran hindert, wirklich frei und zufrieden zu sein. Es können sich auch Krankheitssymptome entwickeln wie Magenbeschwerden, Schlafstörungen, Angstzustände bis hin zu Depressionen.

Loslassen bedeutet nicht, dass man resigniert, etwas verliert oder etwas vergisst. Loslassen bedeutet viel mehr als das, nämlich dass man die Gegebenheiten so wie sie sind akzeptiert und mit ihnen weiterlebt, um dadurch neue Energie zu entwickeln und mit positiver Einstellung in die Zukunft zu schreiten. Oftmals haben wir Schwierigkeiten, einen geliebten Menschen loszulassen, beispielsweise den Partner aus einer Liebesbeziehung, was uns zunächst erheblichen Kummer und Schmerz bereitet. Aber auch schlechte Gewohnheiten wie ein ungesunder Lebensstil durch übermäßiges Rauchen und unausgewogene Ernährung sind nicht so einfach loszulassen. Selbstzweifel können aufgrund eines schwachen Selbstwertgefühls tief in uns verankert sein, weshalb es ebenfalls schwerfällt, sie einfach loszulassen.

In diesem Buch wird es darum gehen, was genau hinter dem Begriff Loslassen steckt und mit welchen Methoden Sie sich von dem Ballast Ihrer Vergangenheit lösen können, indem Sie lernen, gelassener zu werden und die Dinge so wie sie sind zu akzeptieren. Die Akzeptanz spielt eine elementare Rolle beim Loslassen, da sie sozusagen den Beginn des Prozesses darstellt. Affirmationen und positives Denken können Ihnen dabei behilflich sein, die Geister der Vergangenheit loszulassen und in eine erfreuliche Zukunft zu blicken.

Ich wünsche Ihnen nun einen erkenntnisreichen Einblick in das Thema Loslassen und hoffe aus tiefster Seele, dass Sie mit den negativen Erfahrungen aus Ihrer Vergangenheit abschließen und eine glückliche und erfolgreiche Zukunft beschreiten!

WAS STECKT HINTER DEM BEGRIFF „LOSLASSEN"?

Loslassen bedeutet in erster Linie, nicht mehr an etwas festzuhalten. Es hat jedoch in keinster Weise etwas damit zu tun, dass man aufgibt, sondern viel mehr damit, dass man Tatsachen aus der Vergangenheit akzeptiert und mit ihnen abschließt. Durch das Loslassen befreien wir unsere Seele von Altlasten und sind schließlich bereit für Neues.

Wir Menschen haben aber oftmals Angst vor Veränderungen und deshalb lieben wir unsere Gewohnheiten und Routinen, welche uns Sicherheit und Geborgenheit schenken. Die Angst vor Veränderung verhindert jedoch unsere Entwicklungsmöglichkeiten, wir bleiben lieber in unserer Komfortzone und unterschätzen unsere Fähigkeiten. Dabei sind uns die positiven Auswirkungen einer Veränderung meistens gar nicht bewusst. Sicher, nach dem Ende einer Beziehung und dem Verlust eines Partners sieht man wahrscheinlich zunächst einmal nichts Positives. Aber dadurch, dass wir aus jeder Beziehung etwas lernen, wer wir sind und was wir wollen, kommen wir dem idealen Partner immer ein Stückchen näher.

Stattdessen sind wir oftmals davon überzeugt, dass wir nicht in der Lage sind, neue Situationen zu bewältigen und vermeiden den Sprung ins Unbekannte. Wir fühlen uns hilflos und trauen uns nicht zu, mit Unbekanntem umzugehen.

Des Weiteren wird Loslassen von vielen Menschen als Schwäche angesehen. In Wirklichkeit ist es aber alles andere als das! Loszulassen und zu vergeben zeugt von großer Stärke. Besonders die Vergebung spielt eine wichtige Rolle beim Thema Loslassen.

Nehmen wir an, Sie haben sich kürzlich von Ihrem Partner getrennt und leiden unter Liebeskummer und Trennungsschmerz. Ihre Gedanken kreisen immer noch oft um Ihren Ex-Partner und Sie wünschen sich die gemeinsame Zeit zurück. Das ist absolut verständlich und nachvollziehbar und jeder Mensch, der schon einmal eine Trennung durchgemacht hat, kennt dieses schreckliche Gefühl, von dem Sie in dieser Zeit Tag und Nacht heimgesucht werden. Sie trauern der alten Zeit und dem Partner hinterher und sind zutiefst unglücklich. Sie befinden sich in einem Zustand, der auf lange Sicht nicht gut für Ihre Psyche ist. Um diesen Zustand zu ändern und wieder ein glückliches Leben führen zu können, müssen Sie das Vergangene loslassen. Dazu ist es zunächst einmal wichtig, zu akzeptieren, dass die Beziehung vorbei ist. Auf der Akzeptanz dieser Tatsache können Sie aufbauen und mit weiteren Schritten versuchen, Ihren Ex-Partner loszulassen.

Beim Loslassen muss es sich jedoch nicht immer nur um einen anderen Menschen handeln. Es gibt auch andere Dinge wie Gedanken, Gefühle und Erfahrungen, die wir loslassen möchten. Ein schwerer Autounfall aus unserer Vergangenheit, der immer noch tagtäglich in unseren Gedanken herumschwirrt und uns Angst bereitet beim Autofahren. Eine ernsthafte Krankheit, die wir zwar überwunden haben, aber uns weiterhin in unseren Gedanken verfolgt, kann langfristig negative Auswirkungen auf unsere Psyche haben. Starke Selbstzweifel, welche sich meistens seit unserer Kindheit in unserem Kopf festgesetzt haben, behindern uns in unserer Entwicklung. Diese Dinge loszulassen kann innere Blockaden lösen und somit äußerst befreiend wirken, wodurch wir uns ein glücklicheres Leben ermöglichen können.

Dass es uns Menschen schwerfällt, etwas loszulassen, können wir schon beim Beobachten eines Kindes sehen. Als Kinder lieben wir es, wenn bestimmte Dinge immer genau gleich ablaufen. Typische Gedanken sind zum Beispiel:

- Morgens werde ich immer von meiner Mama geweckt.

- Ich schaue jeden Tag meine Lieblingssendung im Fernsehen.

- Bevor ich schlafen gehe, erzählt mir Mama eine Gutenacht-Geschichte.

Durch diese Routinen fühlen wir als Kind sozusagen eine Sicherheit. Wir wissen immer genau was passiert und dadurch verbinden wir mit jeder Situation ein Gefühl (Liebe, Geborgenheit oder Sicherheit usw.), welches wir später auch als Erwachsene suchen.

Eine Veränderung bedeutet für uns Menschen immer, dass wir aus unseren gewohnten Mustern ausbrechen müssen, wodurch wir dann schließlich jedes Mal mehr Energie verbrauchen. Da das Unterbewusstsein bei uns Menschen so gestrickt ist, möglichst viele Dinge routiniert abzuspulen, fällt es uns schwer mit Veränderungen umzugehen. Darum klammern wir uns gerne an gewisse Dinge, welche eine Konstante in unserem Leben darstellen. Wir fühlen uns meistens unwohl dabei, etwas loszulassen, da wir schließlich einen Verlust erleiden und dadurch eine Lücke oder eine Leere entsteht. Durch unsere Angst vor Veränderung verharren wir aber letztendlich auch immer in der Angst vor einem Verlust.

Im folgenden Kapitel wird es zunächst einmal um die Angst vor Veränderung gehen, bevor wir uns danach den Themen Liebeskummer, Akzeptanz und Vergebung widmen.

ANGST VOR VERÄNDERUNG

„Leid entsteht dann, wenn du dich der Veränderung widersetzt."

- Buddha -

Das ganze Leben, alles was uns tagtäglich umgibt, ist ständig im Wandel. Die Veränderung ist ein Grundgesetz der Natur. Und das ist auch gut so, denn sonst würde die Welt um uns herum stehen bleiben. Allein die Zivilisation, in der wir heute leben, hat sich über Jahrtausende entwickelt und uns zu dem Punkt geführt, an dem wir uns gerade befinden. Eine Welt, in der wir, zumindest hier in Deutschland, in Sicherheit leben und kein Hunger leiden müssen. Das ist nicht immer so gewesen. Die Welt ist nicht einfach so, wie sie jetzt gerade ist. Sie hat sich entwickelt. Sie hat sich verändert und sie wird sich auch in Zukunft weiter verändern.

Und genauso werden Sie sich als Mensch stetig weiter verändern. Und zwar jeden Tag! Sie werden morgen nicht mehr der Mensch sein, der Sie heute sind. Durch Ihre Gedanken, durch die Erlebnisse, die Ihnen heute widerfahren, wird sich Ihr morgiges Ich verändert haben.

Wir Menschen versuchen oftmals krampfhaft, an der Gegenwart festzuhalten, weil wir Angst vor Veränderungen haben, und davor, was die Zukunft bringt. Alles Neue, was vor uns liegt, erscheint uns schlecht, weil wir denken, dass es niemals so schön sein wird, wie das Gute, das wir jetzt haben bzw. hatten.

Genauso wie sich unser Aussehen verändert, verändern sich auch unsere Beziehungen. Aber diese Veränderungen müssen nicht immer etwas Schlechtes sein. Im Gegenteil! Veränderungen sind absolut natürlich und gehören zum Leben dazu und deshalb ist es sogar gut, dass es sie gibt! Werden Sie sich über die Tatsache bewusst, dass Veränderungen auch immer etwas Positives mit sich bringen können. Denn nicht nur die schönen Dinge im Leben, die wir manchmal am Liebsten so beibehalten möchten, wie sie sind, verändern sich. Sondern auch die negativen, unangenehmen Dinge gehen mit der Zeit vorüber und bleiben nicht für immer. Erinnern Sie sich einmal an den ersten Liebeskummer, der Ihr Leben zur Qual gemacht hat. Dachten Sie nicht auch, dass dieser Schmerz niemals vorüber gehen, sondern ewig anhalten wird? Dass Sie niemals wieder glücklich werden oder sich nie wieder verlieben könnten? Dieser Schmerz ist normal, aber durch den Wandel der Zeit ist er vorüber gegangen. Weil Sie gelernt haben, mit diesem Schmerz umzugehen und ihn irgendwann zu besiegen.

„Wenn der Wind des Wandels weht, bauen die einen Schutzmauern. Die anderen bauen Windmühlen."

- Chinesisches Sprichwort -

Mit jeder gescheiterten Beziehung, egal ob in der Liebe, in der Freundschaft oder im Beruf, lernen Sie dazu. Durch die Erfahrungen, die Sie machen, werden Sie selbstbewusster und reifer. Ihnen wird von Mal zu Mal klarer, worauf es Ihnen in einer guten Beziehung ankommt, welche Werte Ihnen wichtig sind. Diese Erfahrungen führen dazu, dass sich Ihre Beziehungen im Laufe der Zeit verbessern. Sie lernen nicht nur, wie Sie sich in Beziehungen besser verhalten, sondern vor allem, wie Sie in Bezug auf eine Partnerschaft oder Freundschaft überhaupt erst die richtige Auswahl treffen.

Veränderungen sind wichtig

Denken Sie einmal an Ihre Kindheit zurück und stellen Sie sich die Frage: „Bin ich immer noch derselbe Mensch wie damals? Habe ich immer noch die gleichen Vorlieben und Interessen? Sind meine Gedanken immer noch dieselben?“. Höchstwahrscheinlich werden sich Ihre Interessen, Ihre Ansichten über die Welt, Ihr Bewusstsein und Ihr Auftreten seit Ihrer Kindheit geändert haben.

War Ihre erste Beziehung wirklich die beste, die Sie jemals hatten? Wir glauben meistens, dass es so ist bzw. war. Dabei sind wir zu jenem Zeitpunkt noch total unerfahren und können es gar nicht wirklich einschätzen. Der Grund, weshalb wir die erste Beziehung oftmals als die schönste ansehen, ist, weil wir dieses Gefühl zum ersten Mal erleben. Der erste Kuss und die erste Beziehung werden uns immer im Gedächtnis bleiben, im Gegensatz zu vielen folgenden. Aber das bedeutet nicht, dass die folgenden nicht besser werden können.

Früher war nicht alles besser

Viele Menschen neigen oftmals zu Nostalgie. Der Satz „Früher war alles besser“ kommt Ihnen sicherlich bekannt vor und möglicherweise ist er Ihnen selbst schon einmal über die Lippen gerutscht. Mit Sicherheit gibt es auch in Ihrem Leben Dinge, die früher einmal besser waren, als sie es heutzutage sind. Es gibt jedoch auch viele Dinge, die schlechter waren. Versuchen Sie einmal bei Gelegenheit darüber nachzudenken, was in der Vergangenheit besser war als heute, und was schlechter war. Denken Sie über alles nach und machen Sie sich Notizen darüber. Sie werden bemerken, dass die Gegenwart gar nicht so schlecht ist, wie sie scheint!

LIEBESKUMMER ÜBERWINDEN

Es lässt sich kaum vermeiden, dass wir Menschen im Laufe unseres Lebens viele Narben ansammeln. Besonders in der Liebe nehmen wir oftmals schwere Rückschläge hin, da sich leider nicht immer alles so gestalten lässt, wie wir es uns erhofft hatten. Jedoch lässt sich auch jede noch so lange Narbe behandeln. Wie sichtbar die Narbe in Zukunft sein wird hängt vom Heilungsverlauf ab.

Sicher kennen auch Sie den Spruch „Die Zeit heilt alle Wunden". Dieser Satz wirkt zunächst einmal beruhigend auf jeden Menschen, der gerade seine Wunde zu behandeln versucht. Um dieser Wunde aber einen positiven Heilungsverlauf zu ermöglichen, benötigen wir nicht nur Zeit, sondern auch genug Ruhe und viel Kraft. Wichtig dabei zu wissen ist, dass Wunden bzw. Narben nicht Schlimmes sind, dessen wir uns schämen müssen. Im Gegenteil, denn jede Narbe in unserer Seele hat auch eine Geschichte. Eine Geschichte, die uns interessant macht und die uns zu der Person macht, die wir sind. Und auch wenn diese Narbe niemals verschwinden wird, so lässt sie sich durchaus verändern. Wir können die Heilung einer Wunde in drei Phasen gliedern: die Entzündungsphase, die Reparaturphase und die Wiederaufbauphase.

Zu Beginn erleben wir die Entzündungsphase. Dies ist die Zeit, in der die Wunde noch sehr frisch und entzündet ist. Die Wunde brennt und sticht und begleitet uns rund um die Uhr im Alltag. Für die Reparaturphase sind wir selbst verantwortlich. Zwar benötigen wir ebenso Zeit, um unsere Wunde zu reparieren, aber nur die Zeit an sich wird die Wunde nicht heilen können. Es bedarf unserer stetigen Mithilfe. Im Anschluss an die Reparaturphase beginnt die Wiederaufbauphase. Dieser Übergang ist meist schleichend, sodass wir ihn gar nicht wirklich bemerken. Je öfter wir eine unserer Wunden heilen, desto deutlicher können wir jedoch diese beiden Phasen voneinander unterscheiden.

Wie sieht es nun mit dem Liebeskummer aus?
Verliebtsein macht uns glücklich. Wir fühlen uns stark und geborgen. Wir haben einen Menschen an unserer Seite, mit dem wir unser Leben und unser Glück teilen, mit dem wir lachen und weinen, mit dem wir einschlafen und aufwachen, mit dem wir viele schöne Dinge erleben und uns nicht mehr allein fühlen. Wir haben einen Vertrauten an unserer Seite, der uns liebt und uns begehrt. Das führt dazu, dass wir uns selbst mehr lieben und uns so anerkennen, wie wir sind, mit unseren Stärken und Schwächen. Unser Selbstvertrauen wächst. Doch was, wenn diese Liebe zuende geht?

Liebeskummer kann uns auf verschiedene Art und Weise betreffen. Durch eine frühe Trennung während der Phase der Verliebtheit, durch eine Trennung nach langjähriger Beziehung oder aufgrund einer unerfüllten Liebe fühlen wir uns zurückgewiesen und hilflos, ohnmächtig und orientierungslos. Plötzlich scheint die Welt für uns nicht mehr rosarot, sondern grau. Wir leiden unter körperlichen Beschwerden was sich zum Beispiel in Schlafstörungen, Appetitlosigkeit und Stress und weiteren Beschwerden widerspiegelt. Das ist nicht ungewöhnlich, sondern durchaus normal, da wir besonders nach einer längeren Partnerschaft einen guten Freund und Vertrauten verlieren. Wir verlieren nicht nur unseren Partner, sondern oftmals auch den gemeinsamen Freundeskreis und eine Familie. Die Pläne, die wir uns für die gemeinsame Zukunft ausgemalt haben, lösen sich auf. Wir existieren plötzlich nur noch als Individuum und nicht mehr als Paar. Durch eine längere Beziehung waren wir sozusagen zu einer Person verschmolzen. Bei so einem tiefsitzenden Schmerz ist es völlig menschlich, dass wir in ein Loch fallen und nicht mehr nach vorne blicken können bzw. wollen.

Der Liebeskummer fällt bei jedem Menschen unterschiedlich stark aus. Jeder einzelne von uns hat seine eigene Art, mit Kummer und Trauer umzugehen. Daher muss auch jeder selbst herausfinden, was für ihn die beste Art ist, mit diesem Schmerz umzugehen.

Auch wenn jeder Mensch auf seine eigene Art und Weise trauert, so lässt sich Liebeskummer im Allgemeinen in vier verschiedene Phasen einteilen, nämlich:

1) **Das Leugnen der Trennung**

Während der ersten Phase versuchen wir, die Trennung zu leugnen. Wir stehen unter Schock und können noch gar nicht wirklich realisieren, was geschehen ist. Unser Gemütszustand wird bestimmt durch große Enttäuschung und Wut, durch Hoffnung und Angst sowie durch starke Selbstzweifel. Es fällt uns schwer, das Ende der Beziehung zu akzeptieren, weshalb wir nicht aufhören können, an den Ex-Partner zu denken. Das führt dazu, dass wir ständig versuchen, wieder Kontakt herzustellen und die Beziehung am Leben erhalten wollen. Im schlimmsten Fall fallen wir vor dem Ex-Partner auf die Knie und betteln regelrecht darum, es noch einmal zu versuchen. Um zur Phase 2 zu gelangen ist es unerlässlich, dass wir die Trennung als endgültig anerkennen und akzeptieren.

2) Das Aufbrechen von Gefühlen

Dies ist die schwerste Phase des Liebeskummers. Wir sind uns zwar endlich darüber im Klaren, dass die Beziehung keine Zukunft hat. Aber folglich überkommt uns ein starker Trennungsschmerz. Durch das Realisieren der Trennung geraten wir an den absoluten Tiefpunkt in der Phase des Liebeskummers. Unser Alltag ist geprägt von Antriebslosigkeit und Traurigkeit. Wir verlieren den Sinn zu leben aus den Augen, uns überkommen Angst und Selbstzweifel. Unser Alltag wirkt nun wie eine Achterbahnfahrt, denn durch unsere Emotionen, einem ungleichmäßigen Schlaf und Appetitlosigkeit gerät schließlich unser Tagesablauf völlig aus dem Gleichgewicht. Zusätzlich überkommen uns Selbstzweifel, da wir über die Gründe der Trennung grübeln und uns selbst große Vorwürfe machen. Wir geben uns selbst die Schuld für das Ende der Beziehung und verlieren unseren Mut.

3) Wir können uns neu orientieren

In dieser Phase geht es uns psychisch schon etwas besser. Wir sehen endlich wieder Licht am Horizont und so langsam geht es mit dem Gemütszustand wieder bergauf, woraufhin wir neue Hoffnung schöpfen. Uns wird langsam aber sicher klar, dass das Leben auch ohne den Ex-Partner weitergeht und es keinen Sinn macht, ständig Trübsal zu blasen. Wir schaffen es nun, differenzierter über die Beziehung nachzudenken und merken, dass nicht alles immer so rosig war, wie wir es uns lange Zeit eingeredet haben. Die Stärken und Schwächen des Ex-Partners werden uns nun klarer und wir sind in der Lage, die Gründe für die Trennung nachzuvollziehen.

4) Wir sind wieder im Gleichgewicht

Die innere Ruhe ist zurückgekehrt. Die negativen Gefühle, die uns anfangs begleitet und unser Leben zur Hölle gemacht haben, sind Vergangenheit. Auch wenn wir hin und wieder noch traurig sind, sind wir nun in der Lage, wieder mit Zuversicht nach vorne zu schauen. Wir haben den Liebeskummer überstanden und können uns wieder auf etwas neues einlassen.

Wie lange wird der Liebeskummer anhalten?

Wie viel Zeit wir benötigen, um den Liebeskummer zu überwinden ist von Person zu Person unterschiedlich. Jeder Mensch trauert anders und braucht unterschiedlich viel Zeit. Die eine Person durchläuft die vier Phasen innerhalb von nur wenigen Wochen. Eine andere Person wiederum braucht einige Monate, um den Liebeskummer zu bewältigen. Egal, wie lange es auch dauern mag, eine Sache dürfen Sie nie vergessen: Es geht vorbei! Auch wenn es sich noch so platt anhört und Sie es vermutlich schon tausende Male gehört haben: Der Schmerz vergeht, sobald Sie sich dazu entschließen, loszulassen!

Ein paar Faktoren sind jedoch mitentscheidend für die Dauer des Liebeskummers. So spielt zum Beispiel die Erfahrung, verlassen zu werden, eine große Rolle. Haben Sie schon einmal einen intensiven Trennungsschmerz erlebt und überstanden, so können Sie sich jederzeit in Erinnerung rufen, dass Sie eine derartige Krise bereits erfolgreich gemeistert und wieder neuen Lebensmut geschöpft haben.

Was genau können Sie aber nun bei Liebeskummer tun?

Hier sind nun einige Tipps, welche Sie anwenden können, um den Liebeskummer zu überwinden:

Reden Sie mit Vertrauten

Verschließen Sie sich nicht vor Freunden oder Familienangehörigen, mit denen Sie sonst ein vertrauenvolles Verhältnis haben. Reden Sie mit Ihren engsten Freunden über Ihren Schmerz und über Ihren Kummer. Es wird Ihnen guttun, denn allein die Gewissheit, dass Ihnen jemand zuhört, hilft ungemein!

Unternehmen Sie etwas mit Freunden

Ablenkung hilft fast immer. Verabreden Sie sich mit Freunden und unternehmen Sie etwas. Ein spontaner Kurzurlaub mit einem guten Freund kann Berge versetzen. Eine neue Umgebung hilft Ihnen dabei, auf andere Gedanken zu kommen. Auch alleine zu verreisen kann Ihnen dabei helfen, wieder zu sich selbst zu finden und neue Lebenskraft zu schöpfen. Werden Sie aktiv und verkriechen Sie sich nicht zu Hause auf dem Sofa oder im Bett.

Treiben Sie ausgiebig Sport

Eine alt bewährte Methode, die grundsätzlich immer hilft, um einen freien Kopf zu bekommen. Sich beim Sport so richtig auszupowern fördert die Produktion von Glückshormonen und es ist ganz egal, welchen Sport Sie betreiben, solange Sie sich dabei ordentlich bewegen. Das Krafttraining im Fitnessstudio kann ebenso helfen wie das Cardiotraining auf dem Fahrrad.

Suchen Sie sich neue Hobbys

Die Zeit nach einer Trennung ist die vielleicht beste Zeit, um sich neue Hobbys zu suchen. Gerade weil während einer Beziehung beide Partner oftmals Kompromisse schließen und auf eigene Interessen verzichten müssen, haben Sie durch eine Trennung die Möglichkeit, diesen Interessen nun endlich nachzugehen. Sie lernen dabei nicht nur etwas neues, sondern finden auch genügend Zeit, sich abzulenken. Durch das Lernen von Hobbys wächst zudem Ihr Selbstvertrauen, was Ihnen in einer Zeit des Kummers nur helfen kann! Welche Aktivitäten Ihnen dabei helfen können, ist natürlich von Ihrer Person und Ihren Interessen abhängig. Tun Sie einfach das, worauf Sie Lust haben! Besuchen Sie einen Kochkurs oder einen Tanzkurs, wenn Ihnen danach ist. Schließen Sie sich einer Sportgruppe an oder fangen Sie an, eine neue Sprache zu lernen. Worauf Sie auch Lust haben, beginnen Sie einfach damit!

Den Kontakt zum Ex-Partner meiden

Wenn Sie wirklich mit der Beziehung abschließen möchten, dann sollten Sie den Kontakt zum Ex-Partner meiden. Auch wenn es noch so schwerfällt, aber das Treffen mit dem Ex-Partner schürt nur wieder weitere Hoffnung und löst damit wiederum weiteren Schmerz und Stress aus. Sie sollten sich also nicht an eine falsche Hoffnung klammern, denn dadurch verlängern Sie nur die erste Phase des Liebeskummers und das Akzeptieren der Trennung wird somit verhindert. Bleiben Sie stark in dieser Situation und greifen Sie nicht zum Telefon, um Ihren Ex-Partner anzurufen oder ihm eine Nachricht zukommen zu lassen. Beide Partner brauchen Zeit, um diese Trennung zu verarbeiten. Erst wenn Sie die Trennung überwunden haben, ist ein Kontakt wieder möglich, aus dem vielleicht auch eine Freundschaft entstehen kann. Bis es soweit ist, brauchen jedoch beide Seiten erst einmal Abstand.

Entspannen Sie sich und lassen Sie es sich gut gehen

Sie sollten sich Zeit für sich selbst nehmen und etwas tun, was Ihrem Körper und Ihrer Seele guttut. Entspannen Sie zum Beispiel einen Tag in der Sauna oder bei einer Massage. Auch ein leckeres Abendessen in einem schönen Restaurant kann dazu beitragen, dass Ihre Seele zur Ruhe kommt.

Trauern Sie

Es hat keinen Sinn, seine Gefühle einfach zu verdrängen. Deshalb sollten Sie sich ruhig die Zeit geben, um richtig zu trauern. Es ist völlig in Ordnung, wenn Sie in den ersten Tagen oder Wochen weinen und schreien und sich in Selbstmitleid ergehen. Hören Sie sich in der Anfangszeit ruhig traurige Songs an, schauen Sie sich gerne Liebesfilme an, wenn Ihnen danach ist. Solange Sie dabei Ihre Gefühle rauslassen können, ist es absolut ok!

Schreiben Sie Ihre Gedanken und Gefühle auf

Ein sehr nützliches Mittel, um seine Trauer zu verarbeiten, ist es, seine Gedanken in ein Tagebuch zu schreiben. Das Aufschreiben hilft Ihnen, die Dinge aus einer neuen Perspektive zu sehen. Egal, was Ihnen in den Sinn kommt, schreiben Sie es auf, wie zum Beispiel:

- Über welche Dinge habe ich mich heute gefreut?

- Welche Dinge, die ich mir vorgenommen hatte, konnte ich heute erfolgreich umsetzen?

- Wo habe ich heute etwas Schönes beobachtet, wie zum Beispiel Hilfsbereitschaft oder Liebe?

Richten Sie Ihren Blick dabei unbedingt auch auf die Kleinigkeiten des Lebens. Wurden Sie von einem Mitmenschen angelächelt, oder mussten Sie während Ihrer Lieblingsserie im Fernsehen laut lachen? Beides sind Dinge, die Ihnen ein positives Gefühl bringen können.

Verpacken Sie Erinnerungen

Haben Sie noch alte Kleidungsstücke des Ex-Partners bei sich herumliegen, gemeinsame Fotos aus einer schönen Zeit oder Geschenke, die Sie einmal von Ihrem Ex-Partner erhalten haben, dann verstauen Sie am besten alles in einem Karton und stellen diesen in den Keller bzw. auf den Dachboden. Diese Erinnerungsstücke sollten Sie vorerst aus Ihrem Blickfeld verbannen, damit Sie nicht immer an die Beziehung und die Trennung denken müssen.

Die Selbstanalyse

Analysieren Sie Ihr eigenes Verhalten während der letzten Beziehung. Mit etwas Abstand von der Trennung können Sie ruhig einmal zurückblicken und kritisch mit sich selbst sein. Sie lernen dabei sich selbst besser kennen und entdecken Verhaltensweisen, die Sie vielleicht ändern möchten. Mit Blick auf eine neue Beziehung kann Ihnen das wirklich helfen. Stellen Sie sich solche Fragen wie:

- Was ist in meiner letzten Beziehung nicht so gut gelaufen?
- Was möchte ich an meinem Verhalten ändern?
- Was brauche ich überhaupt, um in einer Beziehung glücklich zu sein?
- Was ist mir bei meinem Partner wichtig?

Ihren Ex-Partner nicht vergöttern

Ihr Ex-Partner ist nicht perfekt. Genau wie Sie und wie jeder andere Mensch auch, hat auch Ihr Ex-Partner Fehler und Schwächen. Hören Sie auf, ihn zu idealisieren und denken Sie darüber nach, was Sie an Ihrem Ex-Partner gestört hat. In welchen Situationen waren Sie von ihm genervt. Auf welche schönen Dinge mussten Sie wegen Ihrem Ex-Partner verzichten? Und mussten Sie sich sogar verbiegen, um ihm zu gefallen?

EIFERSUCHT NACH DER TRENNUNG

Das Problem der Eifersucht nach einer Trennung ist weit verbreitet. Falls Sie im Moment in einer ähnlichen Situation sind, trösten Sie sich damit, dass es sehr vielen anderen Menschen auf der Welt gerade genauso geht.

Es ist vollkommen normal, dass wir kurz nach der Trennung vom Partner uns immer noch fragen, wie es ihm wohl geht, was er so tut und ob er uns vielleicht sogar vermisst. Es ist schwer, zu akzeptieren, dass die gemeinsame Zeit mit einem Menschen, dem man sich vorher so verbunden gefühlt hat, auf einmal vorbei ist. Diese Gedanken sind nicht ungewöhnlich, denn schließlich haben wir eine gemeinsame Vergangenheit und unsere Gedanken kreisten eine lange Zeit um genau diese eine Person. Es ist verständlich, dass wir diese Gedanken nicht einfach so von heute auf morgen abstellen können.

Die Eifersucht kann jedoch nach einer Trennung ein noch viel größeres Problem werden als all die Probleme, die während der Beziehung entstanden sind. Wir bekommen nicht mehr die ersehnte Zuneigung und Aufmerksamkeit, die wir während der Beziehung so genossen haben. Zum ersten Mal wird uns nun bewusst, dass der Ex-Partner sich nun tatsächlich auch mit anderen Verehrern treffen könnte. Diese Befürchtungen können natürlich auch bereits während der Beziehung auftreten, aber da haben wir ja zumindest noch eine Art Mitspracherecht. Sobald die Beziehung aber vorbei ist, gibt es kein „Wir“ mehr. Beide Seiten gehen von nun an ihren eigenen Weg und jeder kann tun und lassen, wonach ihm ist. Unser schlimmster Alptraum wird wahr, denn plötzlich erscheinen lauter Konkurrenten, die sich unserem ehemaligen Partner annähern wollen. Wir fühlen uns verletzt und betrogen und haben absolut kein Recht darauf, uns einzumischen. Die negativen Gefühle machen uns verrückt, während wir versuchen, uns zurückzuhalten. Ein gewisses Maß an Eifersucht, auch nach einer Beziehung, ist normal. Merken Sie aber, dass es Überhand nimmt, dann versuchen Sie, diese Eifersucht zu kontrollieren und sie abzuschalten.

Gefühle kontrollieren

Die negativen Gefühle spielen Ihnen einen Streich. Sie einfach so abzuschütteln ist nahezu unmöglich. Sie aber immer weiter aufrecht zu erhalten wird das Leid und den Schmerz bloß verlängern und das Loslassen hinauszögern. Sie müssen versuchen, diese negativen Gefühle zu kontrollieren und sie in positive Energie umzuwandeln. Sie dürfen nicht zulassen, dass diese Gefühle in einem krankhaften Verhalten enden.

Neue Lebensplanung

Durch eine Trennung wird in vielen Fällen eine komplette Lebensplanung über den Haufen geworfen. Sicher fällt es niemandem leicht, einfach so in eine neue Richtung zu steuern und die rosigen Pläne zu vergessen. Stellen Sie sich ruhig die Frage: „Wie soll mein Leben ohne den Partner weitergehen?“. Diese Frage sollte jedoch keine melancholischen Züge haben, sondern durchaus ernst gemeint sein. Wichtig dabei ist also, dass Sie versuchen, auf diese Frage eine Antwort zu finden. Denken Sie nicht darüber nach, wie das Leben Ihres Ex-Partners in Zukunft aussehen wird. Verschwenden Sie nicht Ihre kostbare Zeit damit, sich vorzustellen, ob Ihr Ex-Partner ohne Sie glücklicher ist oder nicht. Nur Ihre eigene Zukunft betrifft Sie! Nur auf Ihr eigenes Leben haben Sie Einfluss!

Kontaktabbruch vereinbaren

Vermeiden Sie den Versuch, Ihren Ex-Partner zurück zu erobern. Das führt in den meisten Fällen dazu, dass Sie sich in die Situation hineinsteigern. Akzeptieren Sie das Ende der Beziehung und vereinbaren Sie gemeinsam einen Kontaktabbruch. Beide Seiten brauchen zunächst einmal Abstand, um die Trennung zu verarbeiten. Dieser Prozess ist nicht zu vermeiden und deshalb sollte er von beiden Ex-Partnern respektiert werden. Lauern Sie Ihrem Ex-Partner nicht in der Öffentlichkeit auf und stalken Sie ihn auch nicht in den sozialen Netzwerken. Durch dieses Verhalten wird sich der ehemalige Partner nur noch weiter von Ihnen distanzieren und es wird ihn ohnehin nicht davon abhalten, sich neu zu verlieben. Ihnen selbst bringt dieses Verhalten nichts als Wut und Schmerz und früher oder später wird es sowieso dazu kommen, dass Ihr Ex-Partner sich neu verliebt. Nutzen Sie bis dahin also die Zeit, um über die Beziehung hinwegzukommen, denn dann wird es Sie gar nicht mehr interessieren, ob Ihre ehemalige Liebe einen neuen Partner an der Seite hat oder nicht.

Keine Spielchen treiben

Rache ist ein beliebtes aber zugleich ziemlich überflüssiges Mittel, unsere Eifersucht zu stoppen. Wir wurden vom Ex-Partner so stark verletzt, dass wir es ihm heimzahlen wollen, oftmals im Sinne von „Auge um Auge, Zahn um Zahn“. Wir inszenieren Situationen, die dem Ex-Partner Grund zur Eifersucht bieten sollen, indem wir beispielsweise in sozialen Netzwerken Bilder von uns mit einer anderen Person posten. Dies führt nicht selten dazu, dass ein Streit entsteht und beide Seiten irgendwann nur noch Abneigung füreinander empfinden. Was bringt es uns, einen Kleinkrieg anzufangen, wenn wir doch eigentlich mit der Sache abschließen wollen? Verzichten Sie also lieber auf solche Spielchen und bleiben Sie diskret. Und für den Fall, dass Sie sich selbst neu verlieben, reiben Sie es Ihrem Ex-Partner nicht unter die Nase. Dies kann dazu führen, dass alte Wunden wieder aufgerissen werden und der Schmerz von vorne losgeht.

Es ist Ihr Leben

Fokussieren Sie sich auf Ihr eigenes Leben. Verbringen Sie wieder mehr Zeit mit Ihren Freunden und Familienmitgliedern. Mit den Menschen, die Ihnen wichtig sind und die Sie glücklich machen. Widmen Sie sich Ihren Träumen und Wünschen und setzen Sie sich neue Ziele, egal ob im Beruf oder im Sport. Es gibt wahrscheinlich viele Dinge, die Sie während Ihrer letzten Beziehung vernachlässigt haben. Nach der Trennung ist die beste Zeit, all diese Dinge nachzuholen. Suchen Sie sich neue Hobbys und tun Sie einfach das, was Ihnen Spaß macht. Durch die

Ablenkung vom Ex-Partner wird auch die Eifersucht nach und nach schwinden.

Was ist die Ursache für die Eifersucht?

Grundsätzlich ist ein Gefühl der Eifersucht völlig menschlich und sie gibt einer Liebesbeziehung auch einen gewissen Reiz. Ist diese Beziehung jedoch vorbei, so sollte auch die Eifersucht gestoppt werden. Kriegen Sie Ihre Eifersucht nicht unter Kontrolle, dann versuchen Sie die Ursache dafür zu finden.

In den meisten Fällen wurde die Trennung noch nicht richtig verarbeitet. Halten Sie immer noch an Ihrem Ex-Partner fest und wünschen Sie sich nach wie vor eine Versöhnung? Befinden Sie sich emotional immer noch in der ehemaligen Beziehung? Ist all dies nicht der Fall, dann gibt es auch keinen Grund eifersüchtig zu sein. Weitere Ursachen könnten demnach sein, dass Sie nicht allein sein können oder dass Sie es Ihrem Ex-Partner einfach nicht gönnen, glücklich zu sein. Und dies vielleicht aus dem Grund, weil es Ihnen selbst derzeit sehr schlecht geht.

EMOTIONALE ABHÄNGIGKEIT

Um wirklich loslassen zu können, ist es von enormer Bedeutung, ein unabhängiger Mensch zu sein. Während einer Beziehung ist man natürlich immer gewissermaßen vom Partner abhängig. Das ist nicht zu vermeiden. Wichtig ist jedoch, sich nicht zu stark vom Partner abhängig zu machen, sodass wir unsere eigene Identität verlieren. Tun wir es doch und es kommt irgendwann zu einer Trennung, verlieren wir plötzlich den Boden unter unseren Füßen.

Emotionale Abhängigkeit kann eine Beziehung stark belasten und macht eine Trennung noch schwieriger. Ihre Gefühle sind geprägt von Angst und Unruhe und Ihre Gedanken sind stets negativ.

Hier sind einige Merkmale aufgelistet, an denen Sie erkennen können, ob Sie möglicherweise selbst emotional abhängig sind:

- Sie denken fast nur noch an eine bestimmte Person in Ihrem Leben. An Ihren Partner oder Ex-Partner oder an einen anderen wichtigen Menschen.
- Sie sind besitzergreifend und in übertriebenem Maße eifersüchtig.
- Sie versuchen immer nur den Wünschen anderer gerecht zu werden und vernachlässigen Ihre eigenen Bedürfnisse.

- Ohne die Anerkennung und Aufmerksamkeit Ihrer Mitmenschen fühlen Sie sich minderwertig.
- Sie sind nicht in der Lage „Nein“ zu sagen und anderen Leuten eine Grenze aufzuzeigen.
- Sie haben große Angst davor, allein zu sein, weil Sie nicht wissen, was Sie mit sich selbst anfangen sollen.

Emotionale Abhängigkeit kann verschiedene Ursachen haben. Allen voran ein Mangel an Selbstwertgefühl, welches sich meistens bereits früh in der Kindheit entwickelt. Im Folgenden sind drei verschiedene Ursachen für emotionale Abhängigkeit aufgelistet:

1. **Mangel an Selbstwertgefühl**

Wir nehmen unsere Schwächen weitaus stärker wahr als unsere Stärken. Manche Menschen verfügen ganz einfach über eine genetische Veranlagung, schneller eine Angststörung zu entwickeln als andere Menschen. Oftmals spielt aber auch die Beziehung zu den Eltern während der eigenen Kindheit eine Rolle. Eine fehlende positive Wertschätzung der Eltern kann eine Ursache sein, denn werden wir zu oft kritisiert und zu wenig gelobt, wirkt sich das oft negativ auf unser Selbstwertgefühl aus. Emotionale Vernachlässigung oder Misshandlung und Gewalt während der Kindheit sind weitere mögliche Ursachen.

2. **Starke Verlustängste**

Verluste, welche wir früh in unserem Leben hinnehmen mussten, wie der Tod eines Elternteils oder eines nahen Verwandten, oder die Scheidung der Eltern, bei welcher ein Elternteil fort gegangen ist, können Ursachen für tiefsitzende Verlustängste sein. Aber auch die Trennung von einem ehemaligen Partner oder der Freund, der uns in einer schwierigen Situation im Stich gelassen hat, können sich als negatives Gefühl in unsere Seele brennen.

3. Nicht allein sein können

Phasen aus der Kindheit, in denen wir uns vernachlässigt und allein gelassen gefühlt haben, wenn die Eltern den ganzen Tag auf der Arbeit waren, oder Momente, in denen wir als Kind ganz plötzlich alleine da standen, weil wir unsere Bezugsperson aus den Augen verloren haben, wie zum Beispiel in einem Kaufhaus, können langfristig dazu führen, dass wir große Angst vor dem Alleinsein haben.

Emotionale Abhängigkeit kann dazu führen, dass Sie sich für Ihren Partner aufgeben und alles Mögliche tun, um ihn glücklich zu machen, während Sie von ihm absolut nichts zurück bekommen. Tatsächlich spürt Ihr Partner in solchen Fällen oftmals unbewusst, dass Sie emotional abhängig sind, und es Ihnen in Wirklichkeit gar nicht um sein Wohl geht, sondern um die Bestätigung Ihrer selbst, weil Sie von ihm die Anerkennung erhalten wollen, die Sie sich selbst nicht geben können.

Wirklich glücklich werden Sie nicht, wenn Sie sich emotional von Ihrem Partner abhängig machen. Keine Beziehung und kein Partner können Ihnen jemals den Frieden geben, den Sie nicht in sich selbst geschaffen haben. Was können Sie tun, um sich von emotionaler Abhängigkeit zu verabschieden bzw. sie zu vermeiden?

Das eigene Bewusstsein

Bei emotionaler Abhängigkeit sind Ihre Gedanken stets bei einer anderen Person. Was diese Person auch tut, Sie messen allem eine übertriebene Bedeutung bei. Dadurch geben Sie dieser Person die Macht über Ihr eigenes Leben. Sie müssen sich diese Macht zurückholen. Sie müssen sich Ihrer Gedanken und Gefühle in Bezug auf diese Person bewusst werden. Was denken Sie? Was fühlen Sie, wenn Ihnen die andere Person durch den Kopf schwirrt? Sie werden dann zunächst das Bewusstsein erlangen, dass Sie von dieser Person abhängig sind. Das ist der erste Schritt!

Die Ursache der Abhängigkeit finden

Wenn Sie die Ursache der emotionalen Abhängigkeit finden, so sind Sie schon ein ganzes Stück weiter. Haben Sie zunächst einmal Verständnis für Ihr eigenes Verhalten. Sie tun es möglicherweise nicht aufgrund einer Schwäche, sondern aufgrund von in der Vergangenheit gemachten negativen Erfahrungen, die dazu führen, dass Sie jeglichen Schmerz vermeiden möchten. Um die Ursachen zu finden sollten Sie tief in sich gehen und sich folgende Fragen stellen:

- In welchen konkreten Situationen fühle ich mich schlecht?
- Was passiert direkt bevor dieses negative Gefühl auf mich hereinbricht?
- Mit welchen Mitteln versuche ich, dieses negative Gefühl wieder loszuwerden?

Das Beantworten dieser Fragen kann Ihnen dabei helfen, den Ursachen auf den Grund zu gehen.

Was können Sie jetzt tun, um emotional unabhängig zu werden? Folgende Tipps können Ihnen dabei helfen:

Die Gefühle akzeptieren

Negative Gefühle sind etwas ganz Normales. Die meisten Menschen haben hin und wieder negative Gefühle. Wichtig ist, diese Gefühle zu akzeptieren, sie anzunehmen. Fühlen Sie dieses Gefühl und kämpfen Sie nicht mit all Ihrer Kraft dagegen an. Denn genau dadurch entsteht überhaupt erst der größte Schmerz.

Das Alleinsein lernen

Allein zu sein ist gar nicht so schwer und hat auch gar nicht unbedingt etwas mit Einsamkeit zu tun. Nehmen Sie sich also jeden Tag immer mal wieder Zeit für sich selbst. Bleiben Sie allein und gehen Sie tief in sich und Sie werden spüren, dass Sie in diesem Moment gar nichts anderes brauchen als sich selbst. Probieren Sie das jeden Tag einmal aus für 15 Minuten. Wenn Ihnen in diesen Situationen bewusst wird, dass Sie nur sich selbst brauchen und niemanden sonst, dann gehen Sie irgendwann einen Schritt weiter und nehmen Sie sich einen ganzen Abend nur für sich. Unternehmen Sie etwas allein und zwar etwas, was Ihnen Spaß und Freude bereitet!

Selbstständigkeit

Die eigene Selbstständigkeit ist unverzichtbar beim Versuch, sich von emotionaler Abhängigkeit zu befreien. Selbstständig zu sein fördert das Selbstvertrauen und den Selbstwert. Sie fühlen sich stark und unabhängig, wenn Sie eigene Träume und Ziele verfolgen. Auch die Wirkung auf Ihre

Mitmenschen ist viel positiver. Um selbstständiger zu werden können Sie folgende Dinge ausprobieren:

- Setzen Sie sich neue Ziele für Ihr Leben. Egal, ob beruflich oder sportlich oder auf welche Weise auch immer. Wenn Sie sich ein Ziel setzen, welches Sie erreichen möchten, konzentrieren Sie sich automatisch mehr auf sich selbst.
- Suchen Sie sich neue Hobbys. Entweder solche, die Sie schon immer einmal interessiert haben, aber nie ausprobieren konnten. Oder etwas völlig Neues, was vielleicht gerade im Trend liegt. Hauptsache Sie haben Spaß an der Sache, denn dadurch verfliegen auch die negativen Gefühle.
- Die Dinge, die Ihnen Spaß bereiten, sollten Sie möglichst ohne die andere Person machen. Dadurch wird Ihnen klar, dass Sie auch ohne diese Person glücklich sein und Spaß haben können.

Erfolgstagebuch

Führen Sie ein Erfolgstagebuch (oder Erfolgsjournal) und notieren Sie sich tagtäglich Ihre kleinen aber feinen Erfolge. Wieder mal sind es die Kleinigkeiten, welche große Wirkung haben können, wie zum Beispiel:

- Ich hatte heute ein sehr nettes Gespräch mit einem Arbeitskollegen.
- Ich habe heute nur für ein paar wenige Minuten an meinen Partner gedacht.

- Ich bin heute 15 Minuten länger gelaufen als gestern und somit meinem sportlichen Ziel etwas näher gekommen.

Aufhören, andere zu kontrollieren

Andere Menschen zu kontrollieren bedeutet nicht nur, ihnen nachzustellen und sie zu stalken. Es fängt schon damit an, dass wir oftmals von unseren Mitmenschen erwarten, wie sie sich uns gegenüber verhalten sollen. Wie sie mit uns reden sollen, wie sie uns begrüßen sollen. Es liegt nicht in unserer Macht, wie diese Menschen sich uns gegenüber verhalten, also macht es auch keinen Sinn, zu versuchen, sie dahingehend zu kontrollieren. Lassen Sie Ihre Freunde oder Ihre Arbeitskollegen einfach sie selbst sein und konzentrieren Sie sich nur auf sich. Wenn Sie gerade dabei sind, ein solches Kontrollverhalten an den Tag zu legen, versuchen Sie Ihre Aufmerksamkeit auf etwas anderes zu lenken, wie das Wetter oder die Geräusche von draußen oder versuchen Sie daran zu denken, was Sie heute noch erledigen wollten. Auch verschiedene Atemübungen können in solchen Momenten helfen. Eine alt bewährte Atemtechnik ist die Folgende:

Atemübung

Sofern Sie die Möglichkeit dazu haben, legen Sie sich auf den Rücken und legen Sie die Hände mit lockeren Fingern auf den Bauch. Tiefe Atemzüge füllen zuerst den Bauch, dann die Brust, dann den Mund, der Atem erweitert den Bauch und die Hände ziehen sich sanft auseinander.

Atmen Sie vollständig ein, während Sie bis 4 zählen. Halten Sie diesen Atemzug dann etwa doppelt so lange an oder zählen Sie bis 8. Dann lassen Sie es langsam bis zur Zahl 8 heraus, oder sogar länger, wenn Sie können. Dies wird Ihren Körper nach ein paar Atemzügen entspannen, aber genauso wichtig ist, dass Sie sich voll konzentrieren müssen.

Ihr Geist ist zu sehr auf das Atmen fokussiert, um sich auch auf Sorgen zu konzentrieren. Wenn Sie dies zehn Mal tun, werden Sie sich viel entspannter fühlen.

DIE OPFERROLLE VERLASSEN

Beim Versuch, loszulassen, geraten wir manchmal auch in die sogenannte Opferrolle. Durch eine Trennung fühlen wir uns ohnehin schon gekränkt und haben das Gefühl, die ganze Welt hätte sich gegen uns verschworen. Es kommt uns so vor, als würde alles Pech auf der Erde immer nur uns zustoßen, während alle anderen Menschen stets vom Unglück verschont bleiben. Wir machen alles und jeden verantwortlich für unsere miese Situation.

Oftmals kommt dann alles auf einmal zusammen. Stress auf der Arbeit, Ärger mit Freunden, die eigenen Kinder schenken einem keine Aufmerksamkeit. In solchen Momenten sehen wir uns als Opfer unserer Umstände. Durch unser selbstmitleidiges Auftreten nach außen hin gewinnen wir die Aufmerksamkeit unserer Mitmenschen. Unsere Freunde und Kollegen fühlen mit uns mit und trösten uns, was wir zum Beispiel während der Phase einer Trennung vom Ex-Partner gut gebrauchen können. Es ist aber ein Unterschied, ob wir uns wirklich gut und ehrlich gemeinten Trost von Freunden einholen, der auf die tatsächliche Situation bezogen ist, oder ob wir einfach jede günstige Situation nutzen, um Trost gespendet zu bekommen, der aber mit dem eigentlichen Problem gar nichts zu tun hat. Um den ganzen Stress abzulegen und den Kummer zu bewältigen, ist es notwendig, diese Opferrolle abzulegen.

Um die Opferrolle abzulegen, ist es zunächst einmal wichtig, überhaupt erst zu erkennen, dass Sie sich in ihr befinden. Versuchen Sie sich darüber bewusst zu werden, dass Sie die Macht über Ihre Emotionen abgeben, solange Sie sich als Opfer fühlen. Der einzige Mensch, der Ihre Emotionen steuern kann, sind Sie selbst. Nicht Ihr Nachbar, nicht Ihr Arbeitskollege oder Ihr Chef. Nur Sie allein haben die Macht über Ihre Emotionen.

Der Perspektivwechsel ist ein wichtiges Instrument, um sich aus der Opferrolle zu befreien. Wenn einer Ihrer Mitmenschen Ihnen auf die Nerven geht oder gemein zu Ihnen ist, dann versuchen Sie einmal, sich in dessen Lage zu versetzen. Möglicherweise ist das Verhalten dieser Person gar nicht auf Sie bezogen, sondern auf diese Person selbst, weil sie selbst unzufrieden ist oder Probleme mit ihrem eigenen Leben hat.

Sich bei jeder Gelegenheit als Opfer zu fühlen hilft Ihnen in Ihrem Leben auch nicht weiter. Situationen, in denen es Ihnen schlecht geht, wird es immer wieder geben. Es hat keinen Sinn, jedes Mal andere Leute für Ihr Unglück verantwortlich zu machen. Sie sollten stattdessen versuchen, Lösungen zu finden. Kommunikation ist hierbei der beste Weg, um beispielsweise die Probleme mit dem Partner zu besprechen.

Gerade in einer Zeit, in der wir durch einen schweren Verlust ohnehin schon emotional angeschlagen sind, sind wir besonders anfällig dafür, in die Opferrolle zu verfallen. Es ist anstrengend, Verantwortung zu tragen und es wirkt erleichternd, sie abzugeben. Manche

Situationen lassen sich sogar gar nicht lösen oder ändern. In diesen Fällen können wir gar nicht anders, als die Situation so wie sie ist zu akzeptieren und anzunehmen.

DIE AKZEPTANZ

In unserem Leben widerfahren uns immer wieder Dinge, die nicht unseren Vorstellungen entsprechen. Das Akzeptieren solcher Enttäuschungen oder Probleme ist die Voraussetzung dafür, wie wir mit ihnen umgehen. Akzeptieren bedeutet nicht gleich Aufgeben. Akzeptieren bedeutet, eine Situation so anzunehmen, wie sie nunmal ist und sich dadurch viel Verzweiflung, Wut und negative Gefühle zu ersparen. Die Energie, die wir dabei sparen, können wir nutzen, um Lösungen zu finden, die unser Problem beheben können. Eine Erkenntnis ist dabei besonders wichtig:

Vergangenes lässt sich nicht ändern!

Wir Menschen tragen oftmals Belastungen und Enttäuschungen aus der Vergangenheit mit uns herum. Es fällt uns schwer, mit der Vergangenheit abzuschließen und diese Erinnerungen einfach zu vergessen. Die Akzeptanz der Erkenntnis, dass die Vergangenheit nun einmal geschehen ist und sich nicht ändern lässt, hilft uns dabei, mit ihr abzuschließen. Vor allem wenn es ums Loslassen geht, kommen wir nicht dran vorbei, das Geschehene zu akzeptieren.

Akzeptanz lernen. Versuchen Sie immer mal wieder gewisse Probleme an sich heran zu lassen und darüber nachzudenken. Schenken Sie diesen Problemen Aufmerksamkeit und versuchen Sie, diese Probleme so zu akzeptieren wie sie sind. Sie werden von Mal zu Mal feststellen, dass es leichter wird, schwierige Dinge zu akzeptieren. Es ist in dem Sinne ganz einfach Übungssache.

Gewisse Dinge lassen sich ändern. Fokussieren Sie sich auf Bereiche, in denen Sie etwas bewirken wollen. Wenn Sie merken, auf wie viele Dinge Sie tatsächlich noch Einfluss haben und wie viele Dinge sich wirklich ändern lassen, erfüllt es Sie mit einem positiven Gefühl.

Gelassenheit lernen. In Situationen, die sich nicht ändern lassen, gelassen zu bleiben, hilft enorm bei der Akzeptanz. Es bedeutet, Dinge, die sich nicht ändern lassen, ganz in Ruhe anzunehmen, anstatt in Wut auszubrechen und sich gestresst zu fühlen. Gelassenheit ist somit ein Grundpfeiler der Akzeptanz. Ein wichtiger Aspekt ist zum Beispiel, dass Sie sich vom Perfektionismus verabschieden sollten. Je höher Ihr Anspruch ist, umso mehr werden Sie sich ärgern, wenn es nicht klappt. Kein Mensch und auch sonst nichts auf dieser Welt ist perfekt. Wie Sie zu mehr Gelassenheit im Leben gelangen erfahren Sie im übernächsten Kapitel.

Den Augenblick genießen. Jederzeit, wenn Sie gerade dabei sind über Vergangenes nachzudenken und zu grübeln, können Sie versuchen einmal inne zu halten und tief einzuatmen. Atmen Sie tief ein und aus und sagen Sie sich: „Ich bin im Hier und Jetzt und nur dieser Augenblick zählt!". Richten Sie von da an Ihre volle Aufmerksamkeit darauf, was Sie in diesem Moment wahrnehmen können. Was hören Sie, was riechen Sie, was fühlen Sie? Genau das ist das Hier und Jetzt.

Notizen erstellen. Nehmen Sie sich ein oder zwei Stunden Zeit und denken Sie über alles nach, was Sie aus Ihrer Vergangenheit noch belastet und schreiben Sie es auf. Nehmen Sie sich jedes Thema einzeln genau vor und überlegen, was Sie tun könnten, um dieses Problem zu bereinigen. Für jedes Thema nutzen Sie einen einzelnen kleinen Zettel. Bei den Dingen, die sich absolut nicht mehr ändern lassen, überlegen Sie sich, was Sie aus der jeweiligen Sache lernen können, um es dann beim nächsten Mal besser zu machen. Zerreißen oder verbrennen Sie am Ende diese Zettel. Stück für Stück werden Sie dadurch mit den Geistern der Vergangenheit abschließen.

DANKBARKEIT ENTWICKELN

Viel zu oft vergessen wir, darüber nachzudenken, wie viel Gutes uns im Leben überhaupt widerfährt. Wir nehmen solche Dinge wie eine eigene Wohnung oder ein eigenes Auto als selbstverständlich hin, obwohl es das ganz sicher nicht ist. Dankbarkeit kann uns in vielen Situationen im Leben glücklicher und gelassener machen. Das Akzeptieren von schlechten Dingen fällt uns dadurch sehr viel leichter.

Durch Dankbarkeit können wir uns eine viel bessere Lebensqualität erschaffen, da es ein positives Gefühl ist. Langfristig macht uns Dankbarkeit glücklicher und ausgeglichener. Wir empfinden zwar grundsätzlich Dankbarkeit für unsere Gesundheit, unsere Familie und unsere Freunde, aber letztendlich ist Dankbarkeit ein eher verborgenes Gefühl.

Versuchen Sie mit Hilfe von Dankbarkeit eine positivere Grundeinstellung zum Leben zu entwickeln. Erachten Sie die Kleinigkeiten des Lebens nicht als selbstverständlich und besinnen Sie sich auf das, was Sie haben.

Indem Sie sich jeden Tag, zum Beispiel vor dem Schlafengehen oder morgens nach dem Aufwachen, drei bis fünf Dinge notieren, für welche Sie dankbar sind, lernen Sie viele Kleinigkeiten des Lebens, denen Sie bisher wenig bis gar keine Bedeutung beigemessen haben, zu schätzen.

Es gibt viele Sprüche und Zitate mit positiver Aussage, die Sie aufmuntern können. Hängen Sie sich solche Sprüche an den Computerbildschirm oder an den Kühlschrank. Sie werden Ihnen immer wieder vor Augen halten, wie schön das Leben sein kann.

Sehen Sie sich alte Fotoalben aus schönen Zeiten an, in denen Sie glücklich waren. Das lehrt Sie, dankbar zu sein für die vielen tollen Momente, die Sie bereits erlebt haben.

Tragen Sie Ihre Dankbarkeit nach außen, indem Sie sich bei Ihren Mitmenschen aufrichtig bedanken, wenn diese Ihnen einmal geholfen haben. Selbst für Kleinigkeiten wie der Frage „Wie geht es dir?“, oder wenn Ihnen ein Taschentuch angeboten wird, weil Ihre Nase läuft, sollten Sie Ihre Dankbarkeit zum Ausdruck bringen. Sie erhalten dadurch Anerkennung und ein positives Gefühl.

Seien Sie dankbar für sich selbst! Sie können nur jemand anders lieben, wenn Sie sich selbst lieben. Fragen Sie sich selbst, wenn Sie vor dem Spiegel stehen:

- „Welche Charaktereigenschaften mag ich an mir?“
- „Welche Eigenschaften zeichnen mich aus?“
- „Was mögen meine Freunde so sehr an mir?“

Wenn Sie mit sich selbst im Reinen sind und sich selbst wertschätzen, dann sind Sie auch viel eher in der Lage, andere Menschen mit Ihrer positiven Einstellung mitzureißen.

GELASSENHEIT IN IHR LEBEN INTEGRIEREN

Wie im vorigen Kapitel schon erwähnt, bedeutet Gelassenheit, die Dinge so zu akzeptieren, wie sie sind, ohne sie mit aller Macht ändern zu wollen. Als gelassener Mensch sind wir nur sehr schwer aus der Ruhe zu bringen. Gelassenheit bedeutet jedoch nicht, sich einfach zurückzulehnen und alles um uns herum fallen zu lassen und auf nichts mehr Acht zu geben. Wir schaffen ganz einfach nur ein anderes Verhältnis zu diesen Dingen, indem wir sozusagen eine maßgeschneiderte Sicht auf diese Dinge suchen, im Rahmen unserer eigenen Möglichkeiten. Alles, was in der Vergangenheit oder in der Zukunft liegt, lässt sich aus dem jetzigen Moment heraus nicht durch unsere Wut ändern. Das einzige was sich ändert, ist unsere Stimmung und zwar im negativen Sinne. Durch Gelassenheit schaffen wir es, viel klarer über unsere Handlungen nachzudenken und die richtigen Schritte einzuleiten, um eventuelle Probleme zu beheben. Es gibt viele Methoden, mit denen wir Gelassenheit lernen können. Im Folgenden werden Ihnen nun einige dieser Methoden vorgestellt.

Regelmäßig meditieren

Meditation können wir in fast allen Glaubensrichtungen zur inneren Festigung der Seele finden. Längst jedoch meditieren nicht wenige erfolgreiche Manager, die keiner Kirche angehören, um sich innerlich zu stärken. Zu Beginn einer

Meditation sollten Sie sich mit guten Videos selbst zur Ruhe bringen und sich Auszeiten vom Alltag gönnen, damit Sie wieder Kraft tanken. Wichtig ist, regelmäßig, zum Beispiel als Morgenritual oder vor dem Einschlafen, zu meditieren, damit Sie Übung darin gewinnen. Mit dieser Routine gelingt es vielen, sich auch vor großen Reden oder wichtigen Meetings mit Hilfe von Meditationen mental zu stärken.

Gang in die Sauna

Ein schöner Saunagang kann enorm zur Entspannung beitragen. Es stärkt unseren Körper und Geist sowie unser Immunsystem und befreit den Körper von Giftstoffen. Zwischen den Saunagängen sollten wir genug Ruhepause einlegen. Zu viel Zeit in der Sauna würde unseren Körper zusätzlichem Stress aussetzen. Drei Saunagänge über jeweils 10-15 Minuten sowie dazwischen eingebaute Ruhepausen von etwa 20 Minuten können äußerst entspannend sein.

Die Traumreise

Indem wir für ein paar Minuten die Augen schließen, in Ruhe ein- und ausatmen und uns in unserer Vorstellung an einen schönen Ort begeben, an dem wir in unserer Kindheit gewesen sind oder einen Ort, den wir gerne einmal in unserem Leben erkunden möchten, können wir für eine kurze Zeit alle Sorgen um uns herum vergessen und entspannen. Diese Übung funktioniert am besten, wenn Sie sich dabei auf ein Bett oder ein Sofa legen und im Hintergrund Entspannungsmusik laufen lassen.

Autogenes Training

Wie auch bei der Traumreise können wir durch autogenes Training die Kraft unserer Gedanken nutzen, um für Ruhe und Entspannung zu sorgen. Durch autogenes Training wird der Kreislauf beruhigt und unsere Konzentrationsfähigkeit wird gesteigert, unser Erregungsniveau sinkt und wir sind weniger reizbar. Die Anwendung benötigt etwas Zeit, weshalb es notwendig ist, sich in einen ruhigen Raum zu begeben und Ihre volle Aufmerksamkeit Ihrem Körper zu widmen. Legen Sie sich hin und geben Sie Ihrem Körper eine Selbstsuggestion wie zum Beispiel: „Mein linker Arm ist schwer". Stellen Sie sich also vor, wir schwer Ihr linker Arm ist. Beim ersten Mal werden Sie vielleicht noch keinen Unterschied spüren, aber nach etwas Übung werden Sie merken, dass sich Ihr linker Arm tatsächlich schwer anfühlt. Neben der „Schwere-Übung" gibt es auch noch die „Wärme-Übung", bei welchem Sie sich vorstellen, dass Ihr Arm ganz warm ist, sowie noch weitere Übungen, die dazu dienen, dass sich Ihr Körper entspannt.

Die gute alte Bewegung

Wie auch für viele andere Bereich unseres Lebens können Bewegung und Sport dazu dienen, gelassener zu werden und Stress abzubauen. Das Training sollte jedoch niemals zu intensiv sein, damit sich unser Stresslevel nicht noch erhöht. Besonders Ausdauertraining, bei welchem die Herzfrequenz auf einem konstanten Level gehalten wird, ist enorm hilfreich. Yoga verleiht Körper und Geist Ausgeglichenheit durch eine Kombination aus Atemübungen und Meditation. Aber auch eine chinesische Kampfkunst namens „Tai-Chi“ hat positive Auswirkungen auf unser Gemüt. Bei dieser Kampfkunst baut der Körper Spannungen auf und löst diese wieder, und er bleibt die ganze Zeit in Bewegung. Unser Herz-Kreislauf-System und unsere Atmung profitieren stark von Tai-Chi.

DURCH VERGEBUNG LOSLASSEN

Destruktive Gedanken an die Vergangenheit machen unser Leben nicht besser. Durch Eifersucht, Ärger und Wut wird unser Leben düster und grau. Macht es Sinn, unser weiteres Leben nur noch mit Wut im Bauch anzugehen? Durch ständige negative Gedanken an die Vergangenheit wiederholen wir bloß unsere Enttäuschungen und Ängste und dies führt zu Bitterkeit, wodurch unser Körper und unsere Seele erkranken. Über längere Zeit einen Groll zu hegen kann zu Unzufriedenheit führen und das eigene Glück blockieren. Sind wir wütend auf einen anderen Menschen, dann sind wir selbst die einzige Person, die darunter leidet, weil wir ständig an die Schuld erinnert werden, die uns angetan wurde.

Dr. Joseph Murphy, erfolgreicher Autor und Religionswissenschaftler aus Irland, beschreibt in seinem Buch „Die Macht des positiven Denkens" die Kraft des Vergebens folgendermaßen:

„Wer das dynamisch-schöpferische Gesetz seines Geistes versteht, hört auf, anderen Menschen oder äußeren Umständen einen bestimmenden positiven oder negativen Einfluss auf sein Leben einzuräumen. Er weiß, dass ausschließlich seine eigenen Gedanken und Gefühle sein Schicksal bestimmen. Darüber hinaus ist ihm bewusst, dass Äußerliches niemals die eigentliche Ursache oder Triebkraft seines Lebens und seines Schicksals werden kann. Zu denken,

dass andere das eigene Glück beeinträchtigen können, dass man der Spielball eines grausamen Geschicks ist, dass man gegen seine Mitmenschen kämpfen muss, um sich zu behaupten – all dies und andere ähnliche irrige Ansichten erweisen sich in dem Augenblick als unhaltbar, in dem man Gedanken als objektive, dingliche Gegebenheiten erfasst.“[1]

Vergebung bedeutet weder, etwas gutzuheißen noch sich mit einer Person wieder versöhnen zu müssen. Jemandem etwas nachzutragen bedeutet aber, dass wir uns im Grunde selbst bestrafen, weil wir einem anderen Menschen eine Schuld und eine Last sinnlos hinterher tragen. Vergebung befreit uns von dieser Last, von einem schweren Rucksack voller Probleme und Ängste, den wir auf unseren Schultern tragen. Tatsächlich kann Vergebung sogar gegen Rückenschmerzen wirken! Durch Vergebung sind wir in der Lage, inneren Frieden zu erlangen und wieder glücklich zu werden.

Vergebung kann positive Auswirkungen auf Körper und Seele haben und hilft u. a. gegen:

- Bluthochdruck.
- Rückenschmerzen.
- Depressionen.
- Kopfschmerzen.
- Schlafstörungen.
- Andere psychosomatische Störungen.

---

[1] *Dr. Joseph Murphy: Die Macht des positiven Denkens. Ariston Verlag, 2018, S. 252.*

Der Unterschied zwischen Vergeben und Verzeihen

Jemandem etwas zu verzeihen bedeutet, dass wir ihn nie wieder drauf ansprechen oder ihn beschuldigen, obwohl wir in Wirklichkeit nicht vergessen können, was diese Person getan hat. Wir sprechen zwar den guten Willen aus, aber fühlen es im Herzen nicht wirklich. Wenn wir jemandem vergeben, dann erlassen wir ihm seine Schuld. Wir sprechen ihn von der Schuld frei und ziehen unsere Anklage zurück.

Warum ist Vergebung so schwer?

Die Vergebung fällt unerfahrenen Menschen, die sich noch nie mit ihr beschäftigt haben, sehr schwer. Es hat etwas mit Schuld zu tun und wenn diese Schuld nicht beglichen wird, dann schleppen wir offene Rechnungen, also Last, mit uns herum. Aus folgenden Gründen fällt es uns u. a. so schwer:

- Manchmal brauchen wir einen Schuldigen und vergessen dabei, dass wir selbst auch schuld gewesen sind.
- Der Schmerz ist oftmals so groß, dass wir die schönen und positiven Erfahrungen mit einem Menschen vergessen.
- Die Angst, unser Gesicht zu verlieren ist groß. Wir glauben dadurch, eine bestimmte Person könnte uns noch öfter verletzen.

Wie können Sie vergeben?

Vergebung dauert, es ist ein Prozess, der nicht innerhalb weniger Stunden verarbeitet werden kann. Zunächst einmal ist wichtig, dass Sie sich Ihren Gefühlen stellen, um die Wut zu verarbeiten. Finden Sie heraus, warum Sie etwas dermaßen verletzt hat und denken Sie auch darüber nach, wie hoch Ihr eigener Anteil daran war. Inwiefern könnte Ihr eigenes Verhalten dazu beigetragen haben, dass die andere Person sich so verhalten hat? Bei einem Missbrauch brauchen Sie sich diese Frage nicht zu stellen, denn in diesem Fall wäre eine Schuldzuweisung an sich selbst überflüssig.

Indem Sie Ihre Familie oder Freunde in dieses Thema einweihen, können Sie sich Ihren Frust von der Seele reden. Dies wirkt nicht nur befreiend, sondern Sie holen sich damit auch andere Meinungen über Ihre Situation ein.

Erinnern Sie sich an die schöne Zeit mit dieser Person. Sofern Sie mit diesem Menschen in einer guten Beziehung standen ist es hilfreich, darüber nachzudenken, welche tollen Momente Sie zusammen erlebt haben. Oftmals verblassen diese durch den ganzen Zorn, der in uns steckt. In einer guten Beziehung ist Ihnen mit Sicherheit auch viel Schönes widerfahren und das sollten Sie nicht vergessen.

Sich selbst verzeihen

Sicherlich gibt es auch manchmal Situationen, in denen Sie sich selbst verzeihen müssen. Auch hier müssen Sie zunächst herausfinden, welche Vorwürfe Sie genau mit sich herumtragen. Sie sollten dann unterscheiden zwischen Fehlern, aus denen nur Sie selbst einen Nachteil gezogen haben und denen, die auch einem anderen Menschen einen Nachteil gebracht haben. Bei den Fehlern, die nur Sie selbst betreffen können Sie diese als Herausforderungen ansehen und versuchen, Lösungen zu finden. Wenn aber auch eine andere Person die Konsequenzen aus Ihrem Verhalten spüren muss, dann sollten Sie diese zunächst um Verzeihung bitten. Solange Sie nicht wissen, ob diese Person Ihnen verzeihen kann, wird es nicht leicht, die Selbstvorwürfe abzulegen. In diesem Fall sollten Sie die betreffende Person ernsthaft um Vergebung bitten.

Sehen Sie Ihre guten Seiten, denn der Wert einer Person ist nicht abhängig von seinen Fehlern. Führen Sie sich vor Augen, welche guten Eigenschaften Sie haben und dass Sie kein schlechter Mensch sind. Schreiben Sie sich diese Eigenschaften auf und verinnerlichen Sie diese. Versuchen Sie auch, sich mit sich selbst zu versöhnen, indem Sie sich etwas Gutes tun, wie zum Beispiel ein Besuch in einem schönen Restaurant oder ein Gang in die Sauna.

Sich selbst zu verzeihen gehört zum Leben dazu, denn wie jeder andere erfolgreiche Mensch auch, machen wir unzählige Fehler in unserem Leben.

Sie können sich einmal selbst testen, indem Sie Ihre Reaktion auf zwei verschiedene Erlebnisse aus der Vergangenheit prüfen. Stellen Sie sich einmal Folgendes vor:

Ein Freund erzählt Ihnen von einem riesigen Glück, das eine gewisse andere Person, die Sie einmal sehr geliebt haben und die Ihnen sehr weh getan hat, erlebt hat. Wie würde Ihre Reaktion daraufhin ausfallen? Möglicherweise macht Sie diese Nachricht zornig und wütend. Das würde beweisen, dass der Hass gegenüber dieser Person immer noch tief in Ihnen sitzt.

Denken Sie nun andererseits einmal an eine schmerzhafte Entzündung, die Sie sich vor ca. einem Jahr zugezogen haben. Wenn man Sie heute fragen würde, ob Sie noch immer Schmerzen hätten, dann würden Sie höchstwahrscheinlich antworten: „Nein, natürlich nicht. Ich kann mich zwar noch an diese Entzündung erinnern, aber es ist ja schließlich schon ein Jahr her und die Wunde ist gut verheilt".

Hierin liegt der Unterschied. Eine Schnittwunde am Körper verheilt in der Regel mit der Zeit. Sie können sich zwar in Zukunft noch dran erinnern, dass Sie eine Wunde hatten und großen Schmerz gespürt haben, aber der Heilungsprozess ist gut verlaufen, sodass Sie keine Gedanken mehr daran verschwenden. Und selbst wenn Sie daran denken, so löst es keinen neuen Schmerz mehr aus.

ERWARTUNGEN LOSLASSEN

Auch die eigenen Erwartungen an das Leben oder an andere Menschen kann manchmal sehr belastend sein. Durch zu hohe Erwartungen an unsere Mitmenschen begeben wir uns in eine passive Haltung. Wir warten ab, dass eine Person etwas bestimmtes tut oder sagt und dies führt unausweichlich zu großem Frust. Unsere Erwartungen werden ein ums andere Mal enttäuscht und letztlich führt dies zu einem beklemmenden Gefühl, dass wir uns auf niemanden verlassen können. Wenn wir uns von einem lieben Menschen etwas erwarten, dann entwickeln wir eine genaue Vorstellung davon, wie er sich verhalten sollte, um unsere eigenen Wünsche zu erfüllen, und zwar noch bevor er überhaupt reagieren kann. Dies ist für uns keine offene Situation, sondern wir sind festgefahren in dem Wunsch, ein bestimmtes Verhalten von unserem Gegenüber zu erwarten. Unsere eigenen Bedürfnisse sind uns dabei wichtiger, als dass die andere Person selbstbestimmt handelt. Die Beziehung zu diesem Menschen ist dadurch extrem eingeengt und verkrampft, denn wir nehmen ihm die Möglichkeit, frei zu entscheiden und sich so zu zeigen, wie er wirklich ist.

Von Menschen, die wir mögen und die uns in einer gewissen Art und Weise wichtig sind, erwarten wir in der Regel mehr als von fremden Personen, Arbeitskollegen oder von Menschen, die uns grundsätzlich einfach weniger wichtig sind. Sehr oft passiert es uns, dass wir in einer Person eine einzelne Eigenschaft sehen, welche uns fasziniert und welche alle weiteren Eigenschaften von ihr in den Hintergrund rücken lässt. Wir sehen in diesem Fall fast einzig und allein diese eine positive Eigenschaft, wie zum Beispiel die wunderschönen blauen Augen. Sicher kennen auch Sie den Spruch „Könnten diese Augen lügen?“. Unsere Erwartung ist in diesem Beispiel, dass ein Mensch mit solch schönen Augen nicht in der Lage wäre, zu lügen und dass ganz sicher nur Gutes in ihm steckt. Wir wollen es einfach nicht wahrhaben, dass dieser Mensch unter Umständen gar nicht so perfekt ist, wie wir es uns selbst einreden. Um großes seelisches Leid zu vermeiden, sollte uns daher eine Sache immer klar sein: Kein Mensch ist perfekt und jeder Mensch hat auch eine schlechte Seite. Diese ist natürlich von Individuum zu Individuum unterschiedlich ausgeprägt. Während bei der einen Person die schlechte Eigenschaft sich darin äußert, dass sie oftmals unehrlich ist und ihre Mitmenschen an der Nase herumführt, so ist es bei einer anderen Person ganz einfach nur so, dass unpünktlich ist und ständig zu spät kommt. Beides sind schlechte Eigenschaften, welche man jedoch unterschiedlich gewichten kann.

Durch das Loslassen von Erwartungen gewinnen wir eine bessere Lebensqualität, weil unser Leben offener wird und wir uns von festgefahrenen Gedanken verabschieden. Mehr Freunde können unser Leben bereichern, da wir unsere Ansprüche nicht mehr zu hoch setzen. Ebenso werden wir in der Lage sein, solche Menschen zu finden, die wirklich zu uns passen, da wir ihnen die Freiheit ermöglichen, sich so zu geben wie sie wirklich sind. Generell verbessern sich unsere zwischenmenschlichen Beziehungen, da wir die Menschen so lassen, wie sie sind und sie sich auch in unserer Gegenwart frei entfalten können.

Die Einsicht, zu hohe Erwartungen zu haben, ist der erste Schritt heraus aus dieser Misere. Nachfolgend erhalten Sie einige Tipps, welche Ihnen dabei helfen werden, Erwartungen loszulassen:

Weniger von sich selbst erwarten

Erwartungen an andere sind insgeheim auch immer Erwartungen an uns selbst. Um die Erwartungen an Ihre Mitmenschen herunterzuschrauben, versuchen Sie daher zunächst einmal, weniger von sich selbst zu erwarten. Seien Sie dankbarer für Ihr Leben und geben Sie sich zumindest einmal zufrieden mit dem was Sie haben. Mehr zum Thema Dankbarkeit haben Sie zuvor schon in Kapitel 8 gelesen.

Versetzen Sie sich in die Haut Ihrer Mitmenschen

Indem Sie sich vorstellen, ständig und überall hohen Erwartungen ausgesetzt zu sein, welche Sie nicht erfüllen können, können Sie die Perspektive wechseln. Versetzen Sie sich dazu immer wieder in die Lage Ihres Gegenübers, wenn Sie gerade einmal viel von ihm verlangen. Der Perspektivwechsel wird Ihnen verdeutlichen, wie erdrückend es sein kann, übertriebene Erwartungen erfüllen zu müssen.

Klar und deutlich kommunizieren

Wenn Sie von einer Person etwas erwarten, dann sprechen Sie vorab mit ihr genau darüber und kommunizieren Sie ganz ruhig und sachlich, was Sie sich vorstellen. Dadurch ermöglichen Sie es Ihrem Gegenüber, Stellung zu nehmen und seine Sicht der Dinge zu verstehen. Sie erhalten hierdurch die Möglichkeit, zu erfahren, ob Ihre Erwartungen an diese Person angemessen oder übertrieben sind.

Über die Konsequenzen nachdenken

Welche Konsequenzen kann es nach sich ziehen, wenn Sie ständig zu hohe Erwartungen an Ihren Partner, an Freunde oder an Arbeitskollegen haben? Machen Sie sich klar, dass Sie dadurch viel Frust erleben werden. Wenn Sie in einer Liebesbeziehung stets zu hohe Erwartungen an Ihren Liebsten haben, so ist es fast schon vorprogrammiert, dass diese Beziehung nicht lange halten wird, weil Ihr Partner sich schlichtweg von Ihnen erdrückt fühlt oder weil Sie nunmal selbst niemals das in Ihrem Partner finden werden, was Sie sich erwarten. Letztendlich kann dies dazu führen, dass Ihr Selbstwert noch mehr darunter leidet, weil kein Mensch es lange mit ihnen aushält.

VERABSCHIEDEN SIE SICH VOM PERFEKTIONISMUS

Wie auch keiner unserer Mitmenschen perfekt ist, so gilt dies natürlich ebenso für uns selbst! Zu hohe Erwartungen an unsere eigenen Leistungen kann sogar in einem hohen Maße destruktiv sein. Perfektionismus kann äußerst schädlich sein sowohl in unserem Berufsleben als auch in unserer persönlichen Entwicklung. Unser Wohlbefinden kann unter dem ständigen Zwang nach Perfektion leiden, da wir unsere Aufmerksamkeit gezielt auf unsere Fehler und Schwächen richten. Durch das Fokussieren auf unsere schlechten Seiten fühlen wir uns als Perfektionist nicht selten als Versager. Auch für Angstzustände kann Perfektionismus der Auslöser sein. Die Angst zu versagen oder die Angst vor Ablehnung führen dadurch zu inneren Blockaden, welche uns handlungsunfähig machen. Die Ursache für Perfektionismus finden wir in den meisten Fällen in unserer Kindheit. Wir waren es gewohnt, Anerkennung und Zuwendung nur dann zu bekommen, wenn wir die Erwartungen unserer Eltern, Lehrer oder Freunden erfüllen. Durch das perfektionistische Denken erhoffen wir uns somit, in gewisser Weise „unangreifbar“ zu werden.

Zu unterscheiden gilt es zwischen funktionalem Perfektionismus und dysfunktionalem Perfektionismus. Während der funktionale Perfektionismus an sich nicht schädlich für uns ist, sondern uns zu Höchstleistungen treibt und dafür sorgt, dass wir erfolgreich werden und im Leben vorankommen, führt der dysfunktionale Perfektionismus nicht selten zu Angstzuständen, Zwangsstörungen oder auch zu einem neurotischen Vermeidungsverhalten. Paradox ist, dass Perfektionismus im Grunde genommen gar nicht möglich ist, weil eine perfektionistisch veranlagte Person niemals zufrieden ist und somit auch niemals die erstrebte Perfektion erreicht. Unzufriedenheit und permanente innere Unruhe sind daher typische Merkmale für einen Perfektionisten. In schlimmen Fällen können die psychischen Beschwerden sich auch in körperliche Beschwerden umwandeln wie zum Beispiel regelmäßige Kopfschmerzen, Magengeschwüre oder Stoffwechselstörungen. Hier sind einige weitere Anzeichen, an denen Sie erkennen können, ob Sie an dysfunktionalem Perfektionismus leiden:

- Sie unterdrücken Ihre Gefühle, weil Sie Emotionalität als Schwäche ansehen.
- Sie leiden unter Zwangsstörungen wie einem starken Putzzwang, einem Kontrollzwang oder dem Zwang nach perfekter Ordnung.
- Sie legen sehr viel Wert auf die Meinung anderer Menschen, weil dies für Ihre Selbstwahrnehmung entscheidend ist.
- Sie werden häufig aggressiv, weil Sie Ihren eigenen Ansprüchen und Erwartungen nicht gerecht werden.

Wie können Sie Ihrem Perfektionismus entgegenwirken und somit ein entspannteres Leben führen, in welchem Sie sich zugestehen können, auch einmal Fehler zu machen und Schwächen zu zeigen?

Perfektion ist unmöglich

Das Bewusstsein zu erlangen, dass Perfektion nicht möglich ist, ist der erste und wichtigste Schritt. Perfektion ist bloß ein Wunschdenken, welches sich in Ihrem Kopf festgesetzt hat. Es ist durchaus normal, sich große Mühe zu geben, um ein Ziel zu erreichen. Aber Perfektion ist letztendlich utopisch, denn Sie werden aufgrund Ihrer zu hohen Erwartungen niemals zufrieden mit Ihrer Leistung oder Ihrem Ergebnis sein.

Positive Glaubenssätze

Denken Sie einmal in Ruhe nach und überlegen Sie sich, welche Vorteile es mit sich bringen kann, hin und wieder einmal Fehler zu begehen bzw. nicht Ihr erwartetes Ergebnis zu erzielen. Machen Sie sich klar, dass es wichtig ist, Fehler zu machen, um aus Ihnen zu lernen und sich letztlich weiter zu entwickeln. Auch die erfolgreichsten Menschen wären niemals so weit gekommen, wenn Sie immer sofort als richtig gemacht hätten. Scheitern und Rückschläge sind ein wichtiger Teil in Richtung Fortschritt.

Freude über Erfolge

Freuen Sie sich über kleine Erfolge. Wenn Sie etwas geschafft haben, dann gehen Sie einmal tief in sich und gratulieren Sie sich selbst. Nehmen Sie sich die Zeit um sich darüber bewusst zu werden, dass Sie etwas geleistet haben. Der ständige Drang nach Perfektion macht auf Dauer unzufrieden und Unzufriedenheit wird Ihnen auf dem Weg zum Erfolg bloß im Weg stehen.

Über sich selbst lachen

Wenn Sie über Ihren eigenen Perfektionismus lachen können, dann haben Sie schon einen großen Schritt nach vorne gemacht. Sprechen Sie einfach mit Freunden oder Familienmitgliedern über Ihren Drang nach Perfektion. Sicherlich ist ihnen bereits aufgefallen, welche Last Sie mit sich herumschleppen, daher können Personen, die Ihnen nahe stehen, Ihnen dabei helfen, alles etwas lockerer und gelassener zu sehen.

POSITIVES DENKEN ANEIGNEN

Der Mensch hat täglich etwa 60.000 einzelne Gedanken und nur 3 % davon sind positiv! Etwa 11 % der Menschen in Deutschland lästern täglich. Dies lässt auf eine sehr negative Gedankenwelt schließen. Ängste, Zweifel und Sorgen dominieren uns Menschen.

Mit Hilfe von positivem Denken wird es Ihnen leichter fallen, glücklich zu sein. Gerade nach einer Trennung vom Partner scheint erst einmal alles schlecht zu sein. Worüber Sie auch nachdenken, das Glas ist immer halb leer, anstatt halb voll. Um neue Lebensfreude zu finden ist es vorteilhaft, sich eine positive Grundeinstellung zum Leben anzueignen. Dazu gehört es, sich etwas zuzutrauen und Dinge anzugehen, welche andere nicht für machbar halten. Die Vorteile von positivem Denken sind vielfältig:

- Sie werden glücklicher, weil Sie sich auf schöne Dinge fokussieren.
- Sie sind handlungsfähiger und geben nicht immer bei kleinsten Schwierigkeiten gleich auf.
- Durch positives Denken haben Sie größere Chancen auf privaten und beruflichen Erfolg.
- Ihr Selbstbewusstsein wird gestärkt, wenn Sie einen positiven Blick auf sich selbst entwickeln.
- Sie erweitern Ihren Horizont, da Sie durch ein positives Denken offener für Neues sind.

Des Weiteren haben auch kranke Menschen größere Chancen, eine Krankheit zu besiegen, wenn sie durch positives Denken an ihre Heilung glauben. Positives Denken bedeutet jedoch nicht, dass man alles Negative einfach ausblendet.

Negative Gedanken haben eine große Macht. Unsere Laune, unser Mut und unsere Freude werden zerstört. Wir müssen ihnen diese Macht aber nicht geben. Wir können negativen Gedanken auch ihre Aufmerksamkeit entziehen. Die negativen Gedanken werden zwar dadurch nicht einfach verschwinden, aber der Einfluss auf uns wird deutlich verringert. Indem wir ganz einfach einen Schlussstrich ziehen und uns anderen Dingen widmen, lenken wir unsere Aufmerksamkeit von den negativen Gedanken ab.

Lächelnde Menschen sind meist glücklicher als Menschen, die ständig mit versteinerter Miene herumlaufen. Durch einen positiven Gesichtsausdruck werden Glückshormone freigesetzt und wir fühlen uns entspannt und zufrieden.

Jede Situation hat etwas Gutes, auch wenn es nur die Tatsache ist, dass wir aus ihr gelernt haben. Fehler, Missgeschicke und Niederlagen sind nicht immer gleich etwas Schlechtes. Wenn wir sie positiv betrachten, merken wir, dass wir aus ihnen lernen konnten und nun wissen, wie wir es beim nächsten Mal besser anstellen können.

Aber gerade auch bei Kleinigkeiten im Alltag, welche nicht essenziell sind, aber uns doch immer mal wieder Ärger bereiten, können wir durch positives Denken etwas Gutes daraus ziehen. Wenn wir abends nach der Arbeit nach Hause kommen und vor der Wohnung keinen Parkplatz finden, dann könnten wir uns einerseits darüber ärgern und aufregen, andererseits könnten wir dies zum Anlass nehmen, einen kleinen Abendspaziergang zu absolvieren, der uns nach dem anstrengenden Tag nur guttut. Die Trennung von einem Partner tut immer weh, aber durch jede Beziehung können wir dazu lernen. Wir wissen nach und nach immer besser, was wir wollen und die Wahl unserer Partner wird dadurch in der Regel auch besser.

Eine weitere Möglichkeit, um eine positive Einstellung zu bewahren ist, nicht mehr so viele Nachrichten zu konsumieren. Tagtäglich brechen von überall auf der Welt so viele negative Meldungen auf uns herein, was uns glauben lässt, es gäbe nur noch Katastrophen und schlechte Menschen auf dieser Welt. Es gibt natürlich auch etliche erfreuliche Ereignisse an jedem Tag, nur werden diese nicht immer zuerst in den Nachrichten benannt. Es kann also helfen, den Nachrichtenkonsum eine Weile lang einzuschränken, oder zumindest auf Online Portalen nicht mehr so viele schlechte Nachrichten anzuklicken, sondern sich einmal mehr den positiven Meldungen zuzuwenden.

Positive Einstellung färbt auch immer auf unsere Mitmenschen ab. Genauso aber auch eine negative Einstellung. Insofern kann es vorteilhaft für unser Gemüt sein, wenn wir uns von schlecht gelaunten Menschen entfernen.

Ständige Vergleiche mit anderen Menschen können uns unglücklich oder sogar depressiv machen, da wir uns fast immer nur mit den Menschen vergleichen, die mehr haben als wir, die erfolgreicher sind als wir, die schöner aussehen als wir usw. Solche Vergleiche bringen uns nicht weiter, sondern ziehen uns bloß herunter. Für ein positives Denken sollten wir damit aufhören, uns andauernd mit anderen zu vergleichen. Oftmals fühlt es sich auch so an, als hätten wir in unserem Leben noch keine Erfolge gehabt. Aber sobald wir einmal darüber nachdenken, werden uns mit Sicherheit einige Dinge einfallen, die wir bereits erfolgreich gemeistert haben. Indem wir uns solche Erfolge immer mal wieder vor Augen führen, werden wir erkennen, dass wir so schlecht nicht sind.

AFFIRMATIONEN

Eine effektive Methode, um Veränderungen durchzuführen sind Affirmationen. Mittels selbstbejahender Sätze wie „Ich verdiene eine liebevolle und loyale Beziehung“ können wir Blockaden lösen, festgefahrene und hindernde Gedanken entfernen und somit unsere Gedanken positiv beeinflussen. Jeder einzelne Gedanke, der uns durch den Kopf fließt, beeinflusst uns bewusst oder unbewusst. Da die Gedanken mit den Gefühlen zusammen hängen ist es möglich unsere Handlungen und unsere Gefühle zum Vorteil zu verändern. Sie sind ein wirkungsvolles Hilfsmittel, um unser eigenes Verhalten zielsicherer zu steuern. Viele negative Gedanken wirken sich unvermeidlich auch negativ auf unsere Gefühle aus, was wiederum zu schweren Erkrankungen wie Depressionen führen kann. Die meisten negativen Überzeugungen stammen aus unserer Kindheit, in der wir oft Sätze gehört haben wie:

- „Du bist ja schon wieder ganz rot im Gesicht!“
- „Du kannst nicht einmal etwas richtig machen!“
- „Du bist immer total schlampig!“
- „Du hast nur Schwachsinn im Kopf!“
- „Du hast ein hübsches Gesicht, schade nur, dass du so dick bist!“

Wenn wir im Kindesalter immer wieder solche Sätze gesagt bekommen, dann verinnerlichen wir diese und glauben, dass sie wirklich wahr sind. Wir speichern diese Sätze in unserem Unterbewusstsein und unsere Gedanken und unser Handeln werden im weiteren Verlauf unseres Lebens von ihnen geprägt. Unser Selbstwert leidet daher oftmals bis ins Erwachsenenalter. Im Falle der oben genannten Beispiele nämlich mit folgenden Beschränkungen:

- „Ich werde immer rot im Gesicht, wenn jemand mit mir redet!"
- „Ich mache immer alles falsch!"
- „Ich bin total schlampig!"
- „Ich werde es zu nichts bringen, da ich nur Schwachsinn im Kopf habe!"
- „Ich werde immer dick bleiben und niemals schön sein!"

Affirmationen werden immer positiv formuliert und helfen uns dabei, ein positives Selbstbild zu erlangen, uns zu motivieren und von negativen Gedanken an die Vergangenheit loszulassen.

Wir formulieren in unseren Gedanken ein Ziel, sodass wir es uns besser vor Augen führen können. Dadurch wirkt es gleich viel realer. Indem wir uns immer wieder an dieses Zieles erinnern, holen wir es in unsere Gegenwart und verändern auf Dauer unsere Einstellung zu ihm, was uns den Glauben ermöglicht, dieses Ziel tatsächlich erreichen zu können.

Wenn Sie mit Hilfe von Affirmationen etwas loslassen möchten, wie zum Beispiel den Ex-Partner, oder auch grundsätzlich Ihre Einstellung ändern wollen, sollten Sie diese am besten morgens oder abends ausführen, da zu diesen Zeitpunkten Ihr Unterbewusstsein am aufnahmefähigsten ist. Sie sollten sich Zeit nehmen und eine entspannte Grundhaltung einnehmen. Dabei können Sie die Affirmationen entweder laut aussprechen oder aufschreiben, wobei das Aufschreiben am besten funktioniert, wenn Sie dies 20-30 Mal hintereinander tun, da die schreibende Bewegung das Gehirn aktiviert. Das Aufsagen funktioniert am effektivsten, wenn Sie es direkt vor einem Spiegel tun. Hierbei erkennen Sie, ob Sie sich beim Aussprechen der Affirmation wohl fühlen oder nicht. Wenn Sie Ihrem eigenen Blick im Spiegel ausweichen, dann lässt dies darauf schließen, dass Sie möglicherweise noch nicht ganz vom Wahrheitsgehalt dieser Affirmation überzeugt sind. Damit Affirmationen auch effektiv sind, sollten Sie wirklich dazu bereit sein, ein Problem zu lösen. Wenn Sie nicht davon überzeugt sind, dass diese Methode Ihnen hilft, dann wird sie auch keine Wirkung haben. Sie müssen daher die unbedingte Überzeugung verspüren, dass die Affirmationen wirkungsvoll sind.

Es kann übrigens auch helfen, die Affirmationen auf Band zu sprechen und sie sich bei guten Gelegenheiten immer wieder anzuhören. Durch Visualisierung können Sie zudem kraftvolle Bilder für Ihre Affirmationen erzeugen.

Sie sollten sich möglichst nicht zu viele Affirmationen auf einmal zumuten, sondern konzentrieren Sie sich lieber auf ein paar wenige.

Ein paar Beispiele können wie folgt aussehen:

- Ich bin stark genug, um auch die schwierigste Zeit zu überstehen.
- Ich bin mir sicher, dass ich eines Tages meine große Liebe finden werde.
- Ich bin dankbar für meine Familie und meine Freunde, die mich immer unterstützen.
- Ich bin jederzeit in der Lage, aus meinen Fehlern zu lernen.
- Alles, was ich für ein glückliches Leben benötige, trage ich bereits in mir.
- Ich weiß, dass ich eine großartige Zukunft vor mir habe.
- Ich bin in der Lage, einem Menschen, der mich verletzt hat, zu vergeben.

Die Bedeutsamkeit unserer Gedanken können Sie sich auch anhand eines Zitates des römischen Kaisers Marcus Aurelius verdeutlichen:

„Das Glück unseres Lebens hängt von der Beschaffenheit unserer Gedanken ab."

KOGNITIVE VERHALTENSTHERAPIE

Der Leidgedanke der sogenannten Kognitiven Verhaltenstherapie lautet: „Nicht unter einem schlimmen Erlebnis selbst leiden wir, sondern unter unserer eigenen Sichtweise auf dieses Erlebnis." Das bedeutet, dass ein traumatisierter Mensch gar nicht unter den Auswirkungen bestimmter Erlebnisse leidet, sondern aufgrund dessen, wie er selbst auf seine persönliche Art und Weise und aufgrund seiner subjektiven Bewertung diese Erlebnisse betrachtet. Wir Menschen nehmen bestimmte Situationen nämlich immer unterschiedlich wahr und bewerten die entstandenen Erfahrungen, was wiederum Gefühle und schließlich daraus resultierende Verhaltensweisen auslöst. Psychische Störungen basieren demnach auf einem falsch erlernten Verhalten.

Die Kognitive Verhaltenstherapie (kurz: KVT) befasst sich mit Kognitionen, also Gefühlen, Gedanken und Einstellungen, welche wir uns bewusst machen. Dadurch erhalten wir die Möglichkeit, diese Gefühle, Gedanken und erlernten Verhaltensweisen zu hinterfragen und ggf. zu verändern.

Das Ziel der Kognitiven Verhaltenstherapie ist es, Klarheit über unsere Gedanken und Gefühle und unsere daraus entsprechenden Handlungen zu erlangen. Der Zusammenhang zwischen Denken,

Fühlen und Handeln wird dabei beleuchtet, indem wir auf ein bestimmtes Ereignis blicken:

1) Eine bestimmte Situation.
2) Wie bewerten wir diese Situation? Positiv, negativ oder neutral?
3) Wie ist unsere Reaktion auf diese Situation (Verhalten oder Gefühle)?

In dieser Abfolge entstehen manchmal Denkfehler, welche wiederum schädliche Denkmuster verursachen können (wie zum Beispiel „Das schaffe ich alleine nicht"). Das kann schließlich dazu führen, dass wir zum Beispiel unser Leben fortan nur noch in zwei Kategorien unterteilen und Situationen nur noch als gut oder schlecht bewerten. Ein Beispiel dafür wäre: „Wenn meine Bewerbung abgelehnt wird, bin ich schlecht". Auch wenn dies nicht wirklich der Wahrheit entspricht, so denken wir in diesem Moment trotzdem, dass wir „schlecht" sind.

Ähnlich verhält es sich beim Katastrophen-Denken, wobei wir dazu neigen negative Vorhersagen zu treffen wie beispielsweise: „Wenn wir uns jetzt trennen, dann finde ich nie wieder einen neuen Partner".

Die KVT wird in der Regel bei psychischen Problemen wie Depressionen oder Angststörungen eingesetzt sowie bei körperlichen Beschwerden und chronischen Schmerzen und setzt insgesamt viel Eigeninitiative voraus, weshalb auch oft von „Hilfe zur Selbsthilfe" gesprochen wird. Die KVT beinhaltet unter anderem folgende Elemente:

- Tagebuchschreiben, um die eigenen Gedanken festzuhalten und zu hinterfragen.
- Meditations- und Achtsamkeitsübungen.
- Methoden zur Stress- und Schmerzbewältigung.
- Kognitive Umstrukturierungen durch zum Beispiel Gedankenstopps.

Die KVT ist eine der am häufigsten verwendeten Therapieformen, weil sehr oft schon nach kurzer Zeit Erfolge zu sehen sind.

Die Kognitive Verhaltenstherapie kann mehrere Wochen oder Monate in Anspruch nehmen, je nach Schweregrad. Sie findet in Einzelsitzungen statt, welche entweder in Praxen oder in Kliniken abgehalten werden, ebenso können gewisse Übungen auch im Alltag durchgeführt werden. In der Regel übernimmt die gesetzliche Krankenkasse die Kosten für diese Therapie, wobei jedoch zuerst einmal eine Diagnose wie Depression, Angststörung, psychosomatische Erkrankung o. ä. getroffen werden muss. Außerdem sollte geklärt werden, welche Krankenkasse hierfür überhaupt in Frage kommt.

SELBSTWERT STEIGERN

Eine selbstbewusste Ausstrahlung benötigt eine bestimmte Einstellung zu sich selbst. Wie erfolgreich wir in der Liebe oder im Job werden und wie wir mit Herausforderungen umgehen, hängt davon ab, wie wir uns selbst beurteilen. Wenn wir ein gesundes Selbstwertgefühl besitzen, dann sind wir auch davon überzeugt, uns selbst und unsere Umwelt beeinflussen zu können. Beeinflusst wird unser Selbstwertgefühl stark oder weniger stark durch Anerkennung unserer Mitmenschen, da wir deren Wertschätzung wünschen. Für einen Menschen mit schwachem Selbstwertgefühl liegen die Gründe oftmals in der Kindheit. Der Mangel an respektvollem Umgang der Eltern mit ihrem Kind, welchem sie eigentlich Liebe und Zuneigung entgegen bringen sollten, schadet auf lange Sicht dem Selbstwertgefühl des heranwachsenden Kindes. Das Kind bekommt dadurch das Gefühl, dass irgendetwas mit ihm nicht stimmt und dies wirkt sich manchmal auf sein ganzes Leben aus. Die Folgen sehen meistens so aus, dass wir unser Leben lang unter unseren Möglichkeiten bleiben und unsere Ziele nicht erreichen bzw. uns erst gar keine Ziele setzen, weil wir es uns sowieso nicht zutrauen. Wir bleiben gerne in unserer Komfortzone und vermeiden neue ungewohnte Situationen.

Ein sehr bekanntes und weit verbreitetes Symptom eines geringen Selbstwertgefühls ist der Selbstzweifel. Die innere Stimme fühlt sich dabei an wie der strenge

Elternteil, der einen ständig runtermacht und alles kritisiert. Typisch für starke Selbstzweifel sind folgende Punkte:

- *Wir halten uns ständig nur unsere eigenen Schwächen vor Augen und sind kaum in der Lage an unsere positiven Seiten zu denken.*
- *Wir haben Probleme damit, Komplimente von Mitmenschen anzunehmen.*
- *Es fällt uns oft schwer, schöne Momente im Leben wirklich zu genießen.*
- *Wir fühlen uns nicht wohl dabei, im Mittelpunkt zu stehen, da wir davon ausgehen, von den Menschen um uns herum abgelehnt zu werden.*
- *Wenn Freunde uns nicht zurückrufen, beziehen wir das oft auf uns selbst, weil wir denken, etwas falsch gemacht zu haben.*
- *Wir sind ständig auf der Suche nach Beweisen für unsere Unzulänglichkeiten.*

Typische Glaubenssätze für ein schwaches Selbstwertgefühl sehen zum Beispiel so aus:

- Niemand mag mich.
- Ich werde sowieso scheitern.
- Das wichtigste ist, was andere über mich denken.
- Dafür bin ich schon zu alt.
- Das habe ich sowieso nicht verdient.
- Ich bin ein Opfer.
- Dafür bin ich nicht klug und schön genug.

Einige Menschen neigen schließlich dazu, ihre Selbstsicherheit vorzugaukeln. Durch übertriebene Verteidigungsstrategien versuchen sie, ihre Selbstzweifel zu kompensieren. Doch die Mitmenschen erkennen diese geheuchelte Selbstsicherheit oftmals und nehmen dieses Verhalten als unsympathisch wahr. In der heutigen schnelllebigen Zeit mit all den sozialen Netzwerken versuchen wir leider auch immer wieder, uns mit anderen Menschen zu vergleichen. Sehen wir Bilder von erfolgreichen oder schönen Menschen in den Medien, dann spornt uns das nicht an, sondern lässt uns in vielen Fällen eher neidisch und missgünstig werden. Für unser Selbstwertgefühl sind wir jedoch selbst verantwortlich, daher können nur wir selbst daran arbeiten, es zu verbessern. Nachfolgend werden Ihnen ein paar Strategien ans Herz gelegt, mit welchen Sie Ihr Selbstwertgefühl stärken können. Wichtig zu wissen ist, dass Sie Ihr Selbstwertgefühl nicht einfach so innerhalb von fünf Minuten verbessern, sondern dass es ein Prozess ist, der einige Wochen oder vielleicht Monate dauert. Aber Sie müssen dran bleiben und Stück und Stück werden Sie erste Erfolge erkennen!

Komplimente annehmen

Schrecken Sie nicht zurück, wenn ein anderer Mensch Ihnen ein Kompliment macht. Versuchen Sie nicht mit aller Macht dieses Kompliment abzuwehren, weil Sie vielleicht denken, dass es nicht ernst gemeint war.

Aufhören, sich zu vergleichen

Ständige Vergleiche mit anderen Menschen machen uns auf Dauer unglücklich und fördern unsere Selbstzweifel. Hören Sie auf mit solchen Fragen wie

„Warum kann ich nicht so erfolgreich sein wie er?“, oder „Warum kann ich nicht mal so viel Glück haben wie sie?“. Letztlich kommen Sie meistens nur zu dem Schluss, dass Sie wahrscheinlich etwas falsch machen oder es nicht verdient hätten, glücklich zu sein.

Ihre eigenen Stärken erkennen

Anstatt immer auf Stärken und Erfolge der Mitmenschen zu schauen, fangen Sie einfach mal damit an, Ihre eigenen Stärken zu betrachten. Jeder Mensch kann etwas! Führen Sie sich einmal konkret vor Augen, was Sie wirklich gut können und worauf Sie stolz sein können? Wenn Sie genau darüber nachdenken, dann werden Ihnen einige Dinge einfallen, welche Ihnen sonst gar nicht bewusst sind. Falls Ihnen tatsächlich nichts einfällt, dann fragen Sie doch mal Ihre Eltern, Geschwister und Freunde danach.

Erfolgserlebnisse kreieren

Tag für Tag kleine Erfolge zu feiern wird Ihr Selbstwertgefühl stärken. Versuchen Sie sich dabei realistische Ziele zu setzen, welche Sie wirklich erreichen können. Notieren Sie regelmäßig Ihre Erfolge in einem Tagebuch oder Erfolgsjournal. Indem Sie zum Beispiel im Job einen neuen Vorschlag einbringen und somit die Aufmerksamkeit Ihres Chefs erhalten, motiviert Sie das dazu, sich neuen Herausforderungen zu widmen.

Die Perspektive wechseln

Wenn Ihnen ein Missgeschick passiert ist, Sie etwas falsch gemacht haben und sich als Versager fühlen, wechseln Sie in die Perspektive eines Freundes, der Sie trösten würde. Denken Sie daran, dass, wenn einem Freund von Ihnen das Gleiche passiert wäre, Sie ihm ganz sicher nicht erzählen würden, welch ein Versager er ist. Sie würden versuchen, ihn zu besänftigen und empathisch auf ihn einzuwirken. Wenn Sie die Perspektive eines Freundes einnehmen und empathisch mit sich selbst umgehen, werden Sie in der Lage sein, die Situation objektiver zu betrachten, ohne wieder zu hart mit sich selbst ins Gericht zu gehen.

Ihren Mitmenschen helfen

Anderen Menschen zu helfen gibt uns ein gutes Gefühl und erfüllt uns mit Freude. Wenn Sie sich selbst mies fühlen oder Probleme haben, sind Sie doch auch dankbar, Hilfe von Mitmenschen zu erhalten. Nach dem Motto „Geben ist seliger denn Nehmen" werden Sie Ihr Selbstwertgefühl dadurch ganz leicht aufpolieren.

Positive Kontakte

Suchen Sie die Nähe zu positiv eingestellten Menschen, denn das färbt ab. Wenn Sie sich ständig mit miesgelaunten Leuten umgeben, wird Ihre Stimmung sich definitiv nicht verbessern, im Gegenteil, Sie lassen sich durch das Nörgeln sogar anstecken. Genauso läuft es umgekehrt, wenn Sie in Kontakt mit positiven Menschen kommen.

Den Spaß nicht vergessen

Tun Sie so oft es geht Dinge, die Ihnen Spaß machen. Wenn Sie Spaß haben, wächst Ihre innere Zufriedenheit und Sie denken nicht mehr so sehr an Ihre Schwächen.

Kein Mensch ist weniger wert als ein anderer. Auch Sie nicht. Falls Sie dieses Gefühl plagt, dann fangen Sie an, Ihr Selbstwertgefühl zu stärken. Haben Sie keine Angst vor Ihrer eigenen Unzulänglichkeit, sondern glauben Sie an sich selbst und trauen Sie sich etwas zu. Denken Sie dabei immer an folgendes Zitat der Schriftstellerin Marianne Williamson:

„Unsere tiefste Angst ist nicht, dass wir unzulänglich sind.
Unsere tiefste Angst ist, dass wir unermesslich machtvoll sind.
Es ist unser Licht, das wir fürchten, nicht unsere Dunkelheit.

Wir fragen uns: Wer bin ich eigentlich, dass ich leuchtend,
hinreißend, talentiert und fantastisch sein darf?

Wer bist du denn, es nicht zu sein?"

SCHLUSSWORT

Der stetige Wandel gehört zu unserem Leben dazu. Wir kommen nicht umher, diese Veränderungen immer und immer wieder anzunehmen und die belastenden Dinge loszulassen. Die Angst, etwas zu verlieren, sollte uns nicht daran hindern, etwas Neues und Schöneres zu entdecken. Das Glück, das in Zukunft auf uns wartet, ist es allemal wert, uns von den negativen Gedanken an die Vergangenheit zu lösen und wirkliches Glück erfahren wir dann, wenn unsere Seele rein ist.

Ich wünsche mir, dass Sie die in diesem Buch gewonnenen Erkenntnisse verinnerlichen und die Tipps umsetzen, damit Sie sich von den Geistern Ihrer Vergangenheit verabschieden können.

„Ganz gleich, wie beschwerlich das Gestern war, stets kannst Du im Heute von Neuem beginnen."

- Buddha -

GESCHENK

Wenn Sie sich mit der Macht des positiven Denkens vertraut machen möchten, lege ich Ihnen nun mein Gratis eBook ans Herz. Um dieses eBook zu erhalten, senden Sie bitte eine e-Mail an lifewiss@gmail.com mit dem Inhalt: "Loslassen lernen - Positives Denken". Ihr Geschenk wird Ihnen dann innerhalb von 24 Stunden zugeschickt!

Weitere Bücher des Autors

An dieser Stelle möchte ich Ihnen auf den folgenden Seiten eine kleine Auswahl meiner weiteren Bücher ans Herz legen, die Ihnen auf der Reise zu Ihrem inneren Frieden helfen können.

Das Thema Persönlichkeitsentwicklung ist vielfältig und umfasst unterschiedliche Bereiche, die letztendlich alle das gleiche Ziel haben: ein glücklicherer Mensch zu werden und ein erfülltes Leben zu genießen!

Taschenbuch: https://amzn.to/3722QLA

eBook: https://amzn.to/2ve7f0r

RESILIENZ TRAINIEREN

Resilienz: die psychische Widerstandsfähigkeit.

Jeder Mensch erleidet Rückschläge in seinem Leben. Der Verlust eines geliebten Menschen oder der verloren gegangene Arbeitsplatz. Selbst im Alltag können uns kleinste Schwierigkeiten aus der Bahn werfen.

Wie wir mit solchen Problemen umgehen, hängt davon ab, wie resilient wir sind. Diese Fähigkeit muss aber nicht zwangsläufig angeboren sein. Wir können sie erlernen. Meistens helfen sogar negative Erlebnisse, diese Fähigkeit zu verbessern.

In diesem Buch lernen Sie, was Resilienz genau bedeutet und wie Sie eine innere Stärke aufbauen, um schwierige Situationen besser meistern zu können.

Taschenbuch: https://amzn.to/2KEfJCP

eBook: https://amzn.to/2yUdJn1

ÄNGSTE ÜBERWINDEN

Generell ist Angst etwas Positives, weil sie uns vor einer drohenden Gefahr warnt und uns nicht blindlings ins Verderben rennen lässt, sofern wir die Anzeichen nicht ignorieren. Wirft man einen Blick in die Evolutionsgeschichte, sieht man, dass Furcht unsere Vorfahren vor allerhand Gefahren geschützt hat. Insofern ist eine gewisse Grundangst nicht schlimm. Problematisch wird es erst, wenn wir darunter leiden. Denn dann wird die Angst zur Krankheit und kann unser Leben sehr stark einschränken.

Mittlerweile ist Angst zu einer regelrechten Volkskrankheit geworden. Allein in Deutschland gibt es über zwölf Millionen Menschen, die darunter leiden. Es gibt auch nicht eine bestimmte Gruppe von Leuten, die übermäßig Furcht empfinden. Vor der Angst ist niemand gefeit.

In diesem Buch bekommen Sie einen Einblick in das Thema Angst und Sie werden sehen, dass es viele Möglichkeiten gibt, um endlich angstfrei zu leben. Sie erfahren, welche Arten der Angst es gibt, wie sie entsteht und was sie mit unserem psychischen und physischen Körper macht. Zudem erhalten Sie einige Skills, die dabei helfen sollen, Ihre Ängste zu überwinden.

Taschenbuch: https://amzn.to/2H0Lsfq

eBook: https://amzn.to/2Sm38HL

EMOTIONALE INTELLIGENZ

Glück und Erfolg im Leben stellen sich ein, wenn sich die Gefühle und die Gedanken miteinander im Einklang befinden. In diesem Fall spricht man von „Emotionaler Intelligenz“. Der richtige Umgang mit Stress und negativen Gefühlen spielt in dieser Hinsicht eine große Rolle.

In diesem Buch lernen Sie einige Methoden kennen, mit denen Sie in der Lage sein werden:

- Ihre eigenen Gefühle zu kontrollieren
- achtsamer mit sich selbst umzugehen
- empathischer im Umgang mit Ihren Mitmenschen zu agieren

Lernen Sie Ihre Gefühlswelt besser kennen. Meistern Sie Ihre Emotionen und Sie werden ein glücklicherer Mensch!

HAFTUNGSAUSSCHLUSS

Die Umsetzung aller enthaltenen Informationen, Anleitungen und Strategien dieses Buches erfolgt auf eigenes Risiko. Für etwaige Schäden jeglicher Art kann der Autor aus keinem Rechtsgrund eine Haftung übernehmen. Für Schäden materieller Art, die durch die Nutzung oder Nichtnutzung der Informationen bzw. durch die Nutzung fehlerhafter und/oder unvollständiger Informationen verursacht wurden, sind Haftungsansprüche gegen den Autor grundsätzlich ausgeschlossen. Ausgeschlossen sind daher auch jegliche Rechts- und Schadenersatzansprüche. Dieses Werk wurde mit größter Sorgfalt nach bestem Wissen und Gewissen erarbeitet und niedergeschrieben. Für die Aktualität, Vollständigkeit und Qualität der Informationen übernimmt der Autor jedoch keinerlei Gewähr. Auch können Druckfehler und Falschinformationen nicht vollständig ausgeschlossen werden. Für fehlerhafte Angaben vom Autor kann keine juristische Verantwortung sowie Haftung in irgendeiner Form übernommen werden.

URHEBERRECHT

IMPRESSUM

Joel Ludwig
2020
1. Auflage

Kontakt:
Joel Ludwig
Tegelbusch 23
26180 Rastede
joel.rotger1985@gmail.com

Printed in Germany
by Amazon Distribution
GmbH, Leipzig

21972226R00057